DU MÊME AUTEUR

JEUNESSE

Des graffiti à suivre, Éditions de la courte échelle, 1991.

Mon père et moi, Éditions de la courte échelle, 1992.

THÉÂTRE

Les trois grâces, Éditions Leméac, 1982.

Quatuor d'un homme sourd, en collaboration avec François Cervantes, Éditions Leméac, 1986.

FRANCINE RUEL

Plaisirs partagés

Illustrations de
Bruno Laporte

Libre Expression

Données de catalogage avant publication (Canada)

Ruel, Francine

Plaisirs partagés

ISBN 2-89111-994-0

1. Plaisir. I. Titre.

BF515.R83 2002 154.4'2 C2002-941108-4

Maquette de la couverture
FRANCE LAFOND

Illustrations
BRUNO LAPORTE

Conception graphique et infographie
SYLVAIN BOUCHER

Libre Expression remercie le gouvernement canadien (Programme d'aide au développement de l'industrie de l'édition), le Conseil des Arts du Canada et la Société de développement des entreprises culturelles du soutien accordé à ses activités d'édition dans le cadre de leurs programmes de subventions globales aux éditeurs.

Éditions Libre Expression
7, chemin Bates
Outremont (Québec) H2V 4V7

Dépôt légal :
3e trimestre 2002

ISBN 2-89111-994-0

Pour ma tante Lucette,
Ma marraine-fée,
Ma « Tucette » à moi.

Plaisirs partagés

« Moi ? Vous pensez à moi pour cela ? Mais qu'est-ce que je vais dire pendant tant de semaines, et est-ce que je serai à la hauteur de vos attentes ? »

En répondant ainsi, dans un grand éclat de son rire communicatif, l'auteure et comédienne Francine Ruel venait d'accepter de signer une chronique d'humeur, un texte très personnel, intimiste, dans le cahier PLAISIRS que le journal *Le Soleil* se proposait de lancer quelques semaines plus tard. Nous étions à la fin d'août. La première chronique était attendue pour... tantôt. Pendant cet échange amical devant un bon plat, et alors que tout se bouscule sur le style à adopter, la longueur du texte, les contraintes techniques, soudain le nom de cette chronique à inventer jaillit : *Plaisirs partagés*.

Dans un cahier qui allait être centré sur la gastronomie, la bonne table, la critique de restaurants, les vins, ouvrant nos horizons sur des nouvelles tendances en alimentation, de nouveaux produits, de nouvelles publications et proposant différents reportages liés à ce beau côté de la vie pour lequel on a tous un faible, il fallait une chronique plus générale sur les plaisirs de la vie. La commande donnée, la marge de manœuvre était très large.

Francine Ruel ne veut pas qu'on lui tienne la main pour écrire.

Elle écrit et décrit. Elle touche les gens par ses textes, brasse les sentiments, s'arrête sur les petites et grandes choses qui marquent nos vies, des moments précis dont on se souvient, des personnages qu'on connaît ou qu'on croit connaître.

Elle trace le portrait de personnes de son entourage immédiat, levant parfois le voile sur des confidences et des secrets, ou évoque des souvenirs heureux, de grands moments de joie comme de tristesse, des lieux, des odeurs, des folies. Elle adore les voyages et en raconte quelques-uns, plus particulièrement ceux qu'elle a effectués en France, ou en Argentine pour satisfaire sa passion du tango.

La chronique publiée entre Noël et le Jour de l'An, *Les petits choux*, est un bel exemple d'une chronique ayant visé juste, à une période de l'année où tout le monde a l'épiderme sensible et les sentiments à fleur de peau. J'aurais voulu écrire ce texte. Relisez-le dans un moment de quiétude et vous vous laisserez très certainement émouvoir. C'est du Francine Ruel à son meilleur.

Recevant en primeur le texte de la semaine, livré, avec une régularité exemplaire, le mardi matin, tel qu'il avait été convenu, j'avais toujours très hâte de découvrir le sujet, de plonger dans la lecture, de m'arrêter à l'extraordinaire description faite pour appuyer le sujet choisi et de me laisser surprendre par une finale souvent étonnante et émouvante, justement comme dans le cas du texte du temps des fêtes.

Un éternel doute envahit Francine Ruel lorsque vient le temps d'écrire. Puis, quelques heures plus tard, apparaît un texte, parfois trop long et pour lequel elle s'excusera alors en sollicitant un petit effort pour qu'on ne le coupe pas trop.

Francine Ruel n'a peur de rien. Il suffit de lui laisser le champ libre pour qu'elle ose s'exprimer, livrer ses doutes, poser ses questions fondamentales, traiter de différents plaisirs, qu'elle a généreusement accepté de partager avec les lecteurs du *Soleil*. Et les réactions de ces derniers ont été nombreuses, certains lecteurs suggérant justement la publication des chroniques en un recueil.

C'est donc une grande joie de donner une autre vie aux PLAISIRS PARTAGÉS.

Ce recueil propose un pan du travail d'écriture de Francine Ruel, qui signait pour la première fois une chronique régulière dans un journal.

Replongeons dans la lecture des différents textes avec l'enthousiasme que l'auteure y a mis pour aborder avec tant de passion l'amitié, l'amour, la gourmandise, le tango, les bons vins, Paris, ou présenter des membres de sa famille, en particulier son fils, Étienne, et sa mère, Mado, qu'elle aime tant.

Gilles Ouellet
Cahier PLAISIRS
Le Soleil

Détails d'écriture

C'est comme une maladie. Je suis atteinte d'un mal, pas trop douloureux, mais étrange. Lorsque je touche le papier d'un cahier, mes doigts frémissent. Mon nez est aussitôt attiré vers les feuilles reliées, qu'elles soient vierges, lignées ou, mes préférées, quadrillées. Je hume leur parfum. Je me délecte de ce mélange de colle et de pulpe et d'un élément mystérieux pour moi, que je n'arrive pas à identifier. Peut-être est-ce bien ainsi. Tant que je ne décèle pas cette essence, je me vois obligée d'y retourner. Alors, religieusement, je glisse ma paume sur le papier pour caresser la surface lisse. Cet espace en devenir. Ce possible qui ouvre ses bras.

Il faut dire que je fais de même avec les livres. Les pages sont remplies de lettres, qui forment des mots, qui forment des phrases, qui racontent une histoire. Une histoire tracée par quelqu'un. J'aime tenir les livres entre mes mains, et quand ils ont une forme longue et étroite, le creux de ma main s'en trouve heureux. Pour moi, un livre est comme un ami qui ne me lâchera pas et qui m'escortera dans un voyage organisé, préparé de main de maître. Il m'arrive encore de renifler un livre avant de lire la quatrième de couverture, comme si les effluves allaient me guider vers l'histoire, m'en révéler ses parfums et me donner l'envie de la suivre jusqu'au bout.

Les cahiers, je les ai ainsi humés, caressés avant d'y tracer une seule ligne. J'en ai longtemps fait le tour. Je me contentais de les tenir dans mes mains, sous mon nez. J'étais heureuse d'en posséder plusieurs. D'ailleurs j'en fais collection. On m'en offre souvent. Je sais qu'ils sont là, bien rangés sur l'étagère, à portée de la main et du regard. Ils sont là, pour moi comme un possible. Je n'ai qu'à m'en approcher avec ma plume et à me glisser entre leurs pages.

J'agis de même avec les instruments d'écriture. Mes premiers crayons à mine devaient être taillés à la perfection, sinon ils ne m'intéressaient pas. Les stylos plume, je les soupèse dans le creux de ma main, j'en vérifie la tenue entre mes doigts, le poids. J'éprouve ensuite la facilité avec laquelle ils glissent sur le papier en de savants pleins et déliés, en arrondis souples et en verticales régulières. Je n'oublierai jamais le jour où je me suis offert, avec mon premier cachet d'écrivain (pour le scénario d'un court métrage), un stylo plume Montblanc. Une merveille. Il était noir et luisant, juste assez lourd pour se donner de l'importance, rond entre mes doigts et confortable à souhait. J'avais choisi une pointe assez large qui me permettait de dessiner les lettres que je traçais. C'est au poète, dramaturge et animateur radio Michel Garneau que je dois ce plaisir de la calligraphie et du Montblanc. Je me revois, à la sortie d'un magasin du boulevard Saint-Germain, émue aux larmes et serrant dans mes mains un coffret contenant un trésor inestimable.

Comme vous pouvez le constater, il s'agissait alors pour moi beaucoup plus d'accessoires d'écriture que d'écriture elle-même. Du dessin de lettres, mais pas encore de l'invention de mots et d'histoires ; ça, c'est venu plus tard.

Une des deux Marguerite – je ne me souviens plus si c'était Yourcenar ou Duras – disait : « Le plus difficile pour un auteur, ce n'est pas d'écrire, mais de se rendre à sa table. »

Si je pense aux premières fois – elles ont été nombreuses – où je me suis retrouvée devant le papier à tracer des mots, cela remonte à mes années de pensionnat. Les bonnes sœurs, qui s'y sont toutes mises, avaient décidé de m'enlever la parole. Elles ont tout fait pour me faire taire. Elles ont commencé par me punir, chaque fois qu'elles me prenaient à « bavasser » avec mes compagnes – j'avais toujours une remarque à faire ou quelque chose à raconter –, en me faisant asseoir à un pupitre, pour remplir des feuilles de papier lignées de : *Je dois me taire.* Mais comme je parlais souvent et dans tous les lieux interdits dans le couvent, qui eux aussi étaient nombreux – le dortoir, le réfectoire, les corridors, les escaliers et les classes –, je ne sais plus combien d'heures j'ai été penchée sur des feuilles à me tacher les doigts d'encre pour écrire sans fin ces grandes triades : *Je dois me taire dans le dortoir, le réfectoire, les corridors, les escaliers et dans les classes.* Et il n'était absolument pas question de tricher et d'enfiler les *je, je, je, je, dois, dois, dois, dois*... à la verticale. Les bonnes sœurs étaient sévères et pas folles du tout. Elles nous avaient vues venir. C'est pourquoi les phrases à copier étaient interminables et n'entraient pas sur une seule ligne. Combien de fois ai-je entendu les mots suivants : « Mademoiselle Ruel, vous me copierez deux cents fois "je dois me taire dans..." » Vous connaissez la suite.

La punition ne me dérangeait pas trop. J'aimais bien tracer les mots les uns à la suite des autres. Je me retrouvais, certes, en pénitence pendant que les autres allaient jouer dehors, mais j'étais bien. Seule dans le silence de la classe avec, pour compagnon, le bruit de la pointe de la plume qui dansait sur le papier.

Et ça ne m'empêchait pas de continuer à parler. Une des sœurs disait que j'avais été vaccinée avec une aiguille de gramophone. On m'a même fortement suggéré de faire une retraite pour faire don à Dieu de ma parole. Et pourquoi je ne deviendrais pas carmélite? Quel beau sacrifice à offrir à Dieu. J'ai fait la fameuse retraite, mais la nuit je rêvais que le téléphone sonnait. C'était Dieu qui m'appelait et je raccrochais en disant : « Il n'y a personne au numéro que vous avez composé. » Mais les religieuses ne se sont pas découragées. Les deux cents fois, à copier, ont vite fait place aux cinq cents, puis aux mille fois. Je crois que je me suis rendue à deux mille fois. Le seul moment où j'ai été triste de ce pensum, c'est lorsqu'un dimanche je n'ai pu aller rejoindre, en même temps que mes sœurs, ma mère en visite au parloir. Je n'avais pas terminé ma punition.

Mais je m'obstinais, continuant à parler, et je n'arrêtais plus de noircir le papier de phrases stupides. Et puis, un jour, une religieuse, convaincue de venir à bout de mon entêtement en rendant la punition plus difficile encore, a eu l'idée de me faire copier des pages de dictionnaire. Oh! joie! Ça a été tout le contraire. Je ne me sentais plus punie, mais ravie. On m'ouvrait les pages de la connaissance. À force de copier des mots, on finit par en connaître le sens, on peut s'amuser à les utiliser, à raffiner leur impact en y ajoutant le bon verbe, l'adjectif approprié, en leur trouvant le contexte parfait.

À force de jongler avec les mots, j'ai fini par comprendre qu'on pouvait raconter la vie, les gens, et mettre les odeurs et les saveurs s'y rattachant. On pouvait également glisser dans un texte des mots qui font image, qui traduisent l'émotion.

Est-ce cette façon toute particulière de m'approcher du papier, de tracer une lettre à la fois, qui m'a amenée à raconter la vie sur le papier? Ça y a contribué c'est sûr. Mais il n'y a pas que ça.

Je pense à la toute première fois où je me suis retrouvée devant une autre page blanche. Non pas LA page blanche angoissante de l'écriture, mais bien celle de la création. Mais ça, je ne l'ai pas su tout de suite. J'ai six ou sept ans. J'ai une infection de petite fille, un truc contagieux, et je ne peux aller en classe. Ma mère, qui travaille, se voit obligée de me faire garder par une amie. Suzanne. Suzanne Dansereau. Elle est bien spéciale, cette amie de ma mère. Elle n'a pas une vie comme tout le monde. D'abord elle est célibataire et n'a pas d'enfants. Elle a sûrement des « chums », mais ça, moi, je ne le sais pas. Par contre, je sais qu'elle fait de la danse et qu'elle travaille en cinéma ou en télé, comme ses frères. Elle habite un appartement très particulier, situé près de l'hôpital de l'Hôtel-Dieu. Il ne ressemble à rien de ce que j'ai vu chez mes tantes ou chez les parents de mes petites amies. Je ne saurais dire précisément ce qui me plaisait dans la différence que j'y observais : la décoration, les couleurs, l'utilisation de l'espace... Toujours est-il que Suzanne doit m'occuper pendant qu'elle fait ses appels d'affaires. Elle installe à mon intention sur sa grande table de travail des feuilles de papier blanches, des pots de peinture et des pinceaux de différentes grandeurs.

Je me souviens être restée longtemps à contempler la feuille devant moi. Je ne savais pas quoi en faire. Non pas que je ne savais pas dessiner, mais je ne savais pas qu'on pouvait créer quelque chose à partir de rien. J'avais bien sûr déjà dessiné, avec des crayons de couleur en bois ou en cire. Mais chez moi on le faisait toujours avec des cahiers à colorier où les figures étaient déjà tracées en noir. On n'avait qu'à remplir l'espace en prenant bien soin de ne pas dépasser les lignes. Mais dessiner à partir de rien ? Inventer une forme ? Exprimer ce qui me tentait ? Ça, je ne savais pas le faire. Je ne savais même pas que cette possibilité existait.

Ce jour-là, je me suis donc trouvée devant ma première feuille blanche. Un possible à remplir de ce que je voulais, de ce que je ressentais. Mais, même à force de remplir de couleurs quantité de pages blanches depuis cette fameuse découverte, je ne suis pas devenue une peintre digne de ce nom. Je préfère encore tracer des histoires en mots, sur le papier. C'est ma façon de donner de la couleur à la vie.

Et puis, un jour que j'étais à Paris, je me suis approchée de ce que pouvait être la véritable écriture pour moi. J'avais rendez-vous avec ce qui allait changer ma vie.

Je suis dans un café, seule. Et j'observe autour de moi. Il y avait, au bout de mes yeux, un homme assis à une table, seul lui aussi, et qui terminait son repas par un café. Il était parfait. Bien peigné, une montre en or à son poignet. Un attaché-case de belle facture à ses pieds. Il était vêtu d'un habit élégant et de très bonne coupe, petite veste rayée et ajustée ainsi que cravate de soie de bon ton. Il avait des gestes d'une grande aisance. Et puis, à force de l'observer à la dérobée – l'homme ne me voyait pas, il semblait plongé dans ses pensées –, je me suis arrêtée sur un détail. L'ensemble était impeccable, mais quelque chose clochait à mes yeux. Il avait une belle tache sur sa cravate de soie. J'ai commencé à jongler. La première chose qui vient à l'esprit est souvent la plus évidente, et dans ce cas-ci la tache sur la cravate était sûrement due au fait que cet homme ne savait manger proprement. Puis je me suis mise à creuser. Et si son patron l'avait mis à la porte et que, tellement surpris de cette annonce, il en avait échappé sa fourchette couverte de vinaigrette ? Et si c'était sa maîtresse qui le quittait pour son meilleur ami ? Ou s'il avait surpris sa femme dans ce même restaurant avec son meilleur ami, ou son patron ? Il y aurait de quoi répandre la sauce d'un steak sur soi.

Mieux encore : son enfant est gravement malade, l'homme est pressé de se rendre à l'hôpital, alors il attrape la première cravate qui traîne sur une chaise. Comme je ne vois pas bien la nature de la tache, je peux pousser plus loin, trouver d'autres possibilités. Il s'est bagarré avec un collègue et il a saigné du nez. À moins que ce soit son fils qui l'ait frappé avant de s'éloigner pour toujours. Des blessures comme celles-là font plus de dommages qu'une simple tache sur une cravate. Ou alors il a commis un meurtre, il a effacé toutes les traces, sauf celle-là, minuscule petite tache de sang qui l'accusera. Et si?...

Et si?...

Depuis ce jour, c'est sans fin... J'avais déjà les feuilles blanches des cahiers, le stylo plume, maintenant j'ai la petite tache, le détail minuscule qui me permet d'inventer, de dessiner la vie des gens qui m'entourent avec des petits traits, des couleurs vives, des déliés et des arrondis. Et de l'émotion aussi.

J'ai découvert depuis peu, grâce à Daniel Turcotte, historien et ami, l'anecdote suivante. Un jour, Tchekhov désigna à un ami, auteur débutant, qui se plaignait qu'il y avait peu de sujets, une tache graisseuse sur un mur. « Est-ce que ce n'est pas un sujet, ça? Regardez ce mur. À première vue, il semble qu'il n'y ait rien là d'intéressant, mais regardez-le de près et vous y trouverez quelque chose. Quelque chose qui n'appartient qu'à lui et que personne d'autre n'a découvert ni décrit. »

J'ai envie de vous tenir par la main au fil des pages qui suivent, de vous guider à travers mes observations. Je me suis approchée des gens, des choses, des petits riens, et j'en ai fait des plaisirs à partager.

La première fois que
je me suis approchée
de la gourmandise,
j'avais sept ans.

Le bonheur des petites choses

La première fois que je me suis approchée de la gourmandise, j'avais sept ans. Est-ce la gourmandise qui s'est approchée de moi ou moi, d'elle? Est-ce plutôt la curiosité qui m'a conduite à la gourmandise? Je ne saurais répondre à cette question. Tout ce que je puis dire aujourd'hui, c'est que ce fut une belle rencontre. Une rencontre qui vous entre dans la peau et qui n'en sort plus. Lorsque j'étais bébé et que les bonnes fées se sont penchées sur mon berceau, elles se sont longuement concertées avant de me donner mes dons. « Qu'est-ce qu'on pourrait bien lui donner, à celle-là, pour l'aider à faire son chemin dans la vie? » Certains ont la beauté innée, l'intelligence ou encore le sens des affaires. À d'autres, les bonnes fées donnent le sens de l'orientation, celui des valeurs ou, avec un peu de chance, le sixième sens. Étaient-elles en rupture de stock à cette époque? Toujours est-il qu'elles n'avaient plus dans leur panier de distribution qu'un petit paquet bien ficelé, auquel était attachée une étiquette portant la mention : curiosité.

La chose fut réglée de quelques coups de baguette. La curiosité s'est avérée, au fil des années, un don extraordinaire, mais également un cadeau empoisonné. Pourquoi? Parce qu'il est sans fin. Plus on développe ce don, plus on découvre des choses. Il mène à tout, il ouvre tous les horizons, il est parfois essoufflant, mais bon Dieu que c'est excitant! Ce qui m'amène à vous parler d'un plaisir que j'aimerais partager avec vous.

La maison de tante Nana

J'ai sept ans. Nous faisons route vers la campagne. Ce n'est pas bien loin, on se dirige du côté de Champigny. Pour moi, c'est le bout du monde. Aujourd'hui, ce coin est annexé à Sainte-Foy. Il est fascinant de constater comment la perception des distances est différente selon que l'on est petit ou grand.

Nous sommes au début de l'été. La nature déploie toutes ses beautés. Ce n'est pas la première fois que nous prenons la route. Les dimanches, nous allions nous balader en voiture avec mon père. Nous nous sentions comme des princesses, mes sœurs et moi. Notre père possédait une voiture. Mieux encore, il en changeait tout le temps. Mon père n'était pas fortuné, bien au contraire. Il était commis voyageur. Et selon la compagnie qui l'engageait, il changeait de modèle de véhicule. Ce fameux dimanche-là – il me semble que c'était un dimanche –, nous faisions route, mes sœurs et moi, avec notre mère. C'était mon parrain qui conduisait. Personne ne parlait.

Mon père n'était pas avec nous. Il ne serait plus jamais avec nous. Mes parents, bien que ce n'était pas très courant à l'époque, venaient de se séparer. Ce qui nous rendait tristes, ce n'était pas tant cette séparation, car mon père n'étant pas souvent présent à cause de son travail, on ne s'est rendu compte de son absence qu'avec le temps. Ce qui nous rendait tristes, c'est qu'on allait passer l'été sur une ferme dans une famille que nous ne connaissions pas, sans notre mère qui devait continuer à travailler pour nous faire vivre.

Le rang où se situait la maison de ferme s'appelait le rang des Anges. Il porte encore ce nom. C'était un joli présage. La maison blanche était immense pour une petite fille de sept ans habituée à vivre en appartement. Une immense galerie s'étendait sur deux côtés de la maison.

Je me rappelle être entrée dans ce que les dames de l'endroit appelaient la « cuisine d'été ». Elles étaient trois. La mère que l'on appellerait grand-maman, Marianna qui deviendrait tante Nana et Aurore à qui l'on parlerait peu puisqu'elle nous faisait peur.

Les trois femmes étaient assises autour d'une immense table. Elles écossaient des petits pois de leur jardin. Au risque de passer pour une insignifiante petite fille de la ville, je n'avais jamais vu, et encore moins tenu dans mes mains, des cosses de pois. Je ne les avais observés qu'en conserve. Et encore, je n'aimais pas ça. J'avais d'ailleurs été souvent punie parce que je refusais catégoriquement d'en manger. Mais là, à cet instant précis, alors qu'une grosse boule de tristesse prenait toute la place dans ma gorge, alors que mes deux immenses tours à moi, celles qui me faisaient tenir debout depuis sept ans, venaient de s'écrouler, je me suis intéressée à la chose la plus fascinante du monde. Une chose toute simple, mais si grandiose. Enlever un petit fil pour ouvrir une cosse bien verte, renflée, lisse et cassante, faire ce geste avec une grande délicatesse et, surtout, faire glisser de l'enveloppe des petites billes d'un vert tendre, rondes, brillantes, pareilles à des perles.

Je n'ai jamais oublié ce plaisir. Je sens encore ces petites billes rouler sous mes doigts. Je m'y accrochais comme à la chose la plus importante du moment. Celle qui mettait le chagrin au second plan, pour un moment en tout cas. Je me sentais protégée comme un petit pois à l'intérieur de son enveloppe.

C'est pourquoi, encore aujourd'hui, je m'accroche à des petites choses qui font du bien à l'âme et qui enlèvent les chagrins qui gonflent dans la gorge, pour un temps, du moins.

Je me suis fait chanter
la pomme de belle manière.
Et pour mon plus grand plaisir,
j'ai cédé.

Histoire à tomber dans les pommes

Lorsque la bête s'enroula autour de l'arbre de belle façon et qu'elle présenta à Ève le fruit défendu, celle-ci ne put y résister longtemps. Belle occasion de changer enfin de menu. Elle entraîna son compagnon à y goûter; il eut une moue de dédain au début (c'est bien connu, les hommes ne mangent pas beaucoup de fruits et de légumes), mais il succomba tout de même à la tentation. Ève avait dû y mettre le paquet. La présentation avait donné les résultats escomptés. La pelure rouge reluisait des feux de l'automne après qu'Ève-Martha Stewart eut frotté le fruit sur sa pelisse. Pour faire plus appétissant, elle avait glissé quelques gouttes de pluie çà et là sur les rondeurs du fruit pour le rendre plus excitant et, pour présenter la chose avec élégance, elle l'avait couchée sur un lit de feuilles. Un vrai péché! Blanche-Neige fit de même lorsque sa méchante belle-mère lui offrit une pomme énorme, rouge, lisse, attirante comme un baiser à prendre sur une bouche pulpeuse. Devant l'hésitation de la belle – il faut dire que la méchante femme n'était pas très bonne cuisinière –, cette dernière avait accompagné la pomme de quelques calembours, manière Daniel Pinard, et de quelques fantaisies, façon Josée Distasio, pour que Blanche-Neige morde dans le fruit. Le conte veut que ce petit goûter fût bel et bien un cadeau empoisonné puisqu'il contenait des ingrédients secrets qui firent tomber Blanche-Neige dans les pommes pour un bon bout de temps. Mais l'histoire finit bien. Pour Ève et Adam également puisqu'on n'a pas arrêté de manger des pommes depuis ce temps.

Moi-même, je me suis fait chanter la pomme de belle manière, il y a un certain nombre d'années. Et pour mon plus grand plaisir, j'ai cédé.

La merveille des merveilles

J'ai vingt et un ans. Je viens de débarquer à Paris. Seule comme une grande. J'y serai toute une année. J'ai quitté Québec la veille au soir et me voilà dans la Ville lumière. Méchant choc! Je ne sais plus où donner de l'œil, ni du pied. Je suis en plein conte de fées. Je veux que mon tout premier repas, dans cette ville où j'ai si longtemps désiré me trouver, soit paradisiaque. Je marche au hasard des rues, j'en reconnais quelques-unes à cause de lectures de romans dans lesquelles je me plonge depuis mon enfance. Tout me ravit, tout m'excite, tout me séduit. Épuisée de tant de gourmandises visuelles et auditives, j'entre dans un restaurant qui me semble des plus sympathiques. Le garçon m'accueille gracieusement et me conduit à une table. Je dévore le menu des yeux, tant j'ai faim. Tous ces noms nouveaux me font la papille heureuse. Dégustez-moi ça : « demoiselles » de Cherbourg à la nage, bourride marseillaise, gigot à la Mirabeau, lapin de garenne à la braconnière, bécasse Cendrillon...

Finalement, je jetai mon dévolu sur un tournedos diplomate avec pommes de terre à la dauphinoise. Au risque de ne pas paraître diplomate, j'avoue que le roastbeef avec patates pilées de ma mère venait de prendre une sérieuse débarque. Je n'en finissais plus de me délecter. Au moment d'enlever mon couvert, le serveur m'expliqua que, vu l'heure tardive, il ne restait plus qu'un dessert au menu. Il me le nomma à la vitesse d'un TGV Paris-Marseille. Je ne compris pas un traître mot de ce qu'il venait de dire et ne savais absolument pas de quoi pouvait avoir l'air le dessert. Ça sonnait comme « tourte Tintin

Tarte Tatin

Préparation : 30 minutes
Cuisson : 40 à 50 minutes

Pâte sucrée :
100 g de beurre
100 g de sucre

Garniture :
2 kg de pommes
200 g de sucre
200 g de beurre
1 paquet de sucre vanillé
250 g de farine
5 g de sel

Préparez la pâte et laissez-la reposer au moins 30 minutes. Dans un moule à tarte de 4 ou 5 centimètres de hauteur, faites fondre le beurre. Lorsqu'il mousse, saupoudrez-le avec deux tiers du sucre. Disposez les pommes (épluchées et épépinées) coupées en quatre gros morceaux. Saupoudrez du reste du sucre et du sucre vanillé. Laissez cuire sur feu moyen jusqu'à ce que le caramel se voie au fond entre les pommes. Étendez la pâte et posez-la sur le moule chaud; passez le rouleau sur le bord pour couper l'excédent de pâte. Laissez la pâte s'affaisser d'elle-même sans chercher à rentrer les bords dans le moule. Piquez de quelques coups de la pointe d'un couteau.
Mettez au four à 200 °C. Laissez cuire jusqu'à ce que la pâte soit à point. Couvrez d'un papier d'aluminium, baissez le feu, laissez cuire encore 10 minutes. Au sortir du four, posez le moule sur un torchon mouillé pendant quelques minutes. Démoulez. Servir sur une grande assiette. Si les pommes ne sont pas assez caramélisées à votre goût, mettez à « broil » quelques instants.

corde ». Je le fis répéter. Il redémarra le train à grande vitesse dans sa bouche. Les mots arrivèrent tout aussi incompréhensibles dans mon oreille. Je n'étais pas plus avancée. Impatient, il répéta pour la petite-Canadienne-qui-ne-pigeait-que-dalle, et avec son accent épouvantable (accent du Sud-Ouest, apprendrais-je plus tard), que le dessert était « uune tarrrteuu Tattting chôôôôôde ».

Au risque de le rendre plus nerveux encore, j'acceptai le... la... la chose en question.

Et cette chooose... Oh ! Dieu du ciel ! Oh ! saint Brillat-Savarin ! Oh ! saint Sabayon et sainte Caramelle ! C'était une TARTE TATIN CHAUDE !

Merci, oh ! merci d'avoir déposé sur la nappe devant moi cette merveille. Ma mère aurait qualifié ce dessert de « viré à l'envers aux pommes », elle qui nous servait quelquefois un gâteau aux ananas renversé.

Laissez-moi vous décrire LA chose, histoire de vous faire saliver un peu.

Une pâte à tarte feuilletée, doucement croustillante puisqu'elle est imbibée de sucre coulant, sur laquelle se trouvent de gros morceaux de pommes rendus transparents, caramélisés et légèrement brûlés. Comme Ève et Blanche-Neige, inutile d'essayer de résister à un tel délice. À votre tour de tomber dans les pommes. C'est de saison. Et c'est votre Adam ou votre prince charmant qui sera content.

C'est une saison
de l'entre-deux.

Les petits et grands bonheurs de l'automne

L'automne est à nouveau là. Pour mon plus grand bonheur. J'aimerais que cette saison s'étire sur au moins quatre mois hauts en couleurs. J'aime tout de l'automne. Le petit vent frais qui pique les joues, l'odeur des feuilles au sol, celle de la terre, également. Et que dire de cette pluie de feuilles qui virevoltent au ralenti ! C'est une saison de l'entre-deux. Celle qui vient tout de suite après la chaude et la douce en attendant la froide et la dure. Il y a des endroits privilégiés qui me ravissent l'âme quand les arbres enfilent leur robe de fête. Cette orgie de couleurs participe à la plus fantastique exposition semi-permanente car, chaque jour que l'automne nous est donné, la nature change, au gré des heures et des intempéries, ses magnifiques tableaux. Mes yeux se gavent d'or, d'ocre, de roux, de safrané, de fauve, de feu. C'est le temps de prendre des couleurs pour les jours à venir, où le décor ne sera que monochrome, alternant du blanc au gris.

Au marché, mon p'tit panier sous le bras

Un autre lieu remplit de bonheur tous mes sens en cette saison, c'est le marché extérieur. Le mien s'appelle Jean-Talon. Le vôtre pourrait s'appeler marché Sainte-Foy ou du Vieux-Port, ou encore de Lévis, ou de Charlevoix.

J'aime les marchés à ciel ouvert. Je me sens ailleurs, en vacances, à cause des gens – mélange de Québécois, d'Italiens, d'Arabes, d'Asiatiques, d'Africains – qui prennent leur temps. Des appels à la gourmandise : « Venez voir mes poireaux... Ce sont les plus beaux », de l'abondance de couleurs, de saveurs, d'odeurs, de formes et de grosseurs. Ça va du gigantesque (énorme citrouille) au minuscule (cerise de terre). J'aime également l'étrange et l'exotique.

Vous me direz qu'on peut trouver tout ça ou presque dans les supermarchés et les grandes surfaces. C'est vrai, mais les aliments sont présentés sous pellicule. Ça n'a pas d'odeur. Et puis, aussi bien vous l'avouer, ça me donne envie de pleurer, chaque fois que je mets les pieds dans une grande surface. C'est plus fort que moi. Quand j'étais adolescente, maman faisait l'épicerie au Dominion de la rue Saint-Cyrille – boulevard René-Lévesque, maintenant –, au coin de Belvédère. Et parfois je l'accompagnais pour porter les paquets qu'elle ne faisait pas livrer. Avec le peu d'argent qu'elle avait, elle réussissait un tour de force en remplissant le chariot. Mais je la sentais triste de ne pas pouvoir nous en offrir plus. Je l'ai déjà surprise alors qu'elle enlevait du panier un aliment trop cher pour ses moyens pour le déposer sur la tablette, puis le remettre l'instant d'après avec les autres provisions. Je savais qu'elle se priverait de quelque chose en échange. J'aimerais remplir son panier aujourd'hui... L'amener au marché. Mais c'est trop tard. Je ne risque pas de la rencontrer dans les allées. Mais je fais souvent mes courses en pensant à elle. L'automne surtout, lorsque les récoltes de l'été s'étalent au grand jour.

Promenez-vous tranquillement quand le froid n'est pas encore arrivé. Les énormes paniers regorgent de poivrons doux rouges ou verts. Plus loin, il y a des dizaines d'aubergines au violet sombre. Et que dire des tomates? Il y en a de toutes les sortes. Comme le chanterait Yvon Deschamps : « Y en a des grosses, y en a des p'tites... » J'ajouterais qu'il y en a des jaunes, y en a des vertes et des pas mûres, y en a des joufflues et rouges de plaisir à l'idée de plonger sous peu, en compagnie de leurs amis, dans une casserole où grille déjà l'ail dans l'huile d'olive de Toscane. Quel bonheur, quand on est un légume, de finir sa vie dans une ratatouille !

Le marché à l'automne, c'est comme faire un beau voyage immobile. Chaque étal invite à la gourmandise d'un pays. Il y a les choux qui frisent, les choux-fleurs près d'exploser tellement ils sont énormes tout en coûtant trois fois rien. Les courges aux formats les plus divers qui ne demandent qu'à donner leur chair pulpeuse bien cachée sous des formes particulières. Potimarron, butternut, potiron, courge spaghetti, pâtisson. On a le choix.

« Alors, ma petite dame, allez-vous vous laisser tenter par cette caissette de figues fraîches ? » Je ne résiste pas longtemps à ce type d'appel. J'adore passer près des kiosques où l'on suspend des colliers de piments forts, les ronds et les pointus mélangés. J'achète une grosse tresse d'ail et une plus petite d'échalotes françaises. Je fais également provision de petits oignons italiens (cipolini) que me sert Nino, avec un grand sourire. Avec le couteau qu'il garde à sa ceinture, il coupe un fruit étrange et me dit : « Goûte-moi ça, ma belle, tu ne pourras plus t'en passer. » Et il a raison. Je prends également un panier de petites prunes amères. Line – la belle de Nino – m'explique que ce sont des prunes à cuire. Bon ! Ce seront sûrement les dernières, mais mes amis auront des confitures de prunes amères.

Pour terminer ma visite, je vais chez Capitol, la boucherie italienne où je me sens comme « la belle *ragazza* » qui fait ses courses. J'échange des recettes avec les bouchers. Je n'ai jamais vu des gens si heureux de parler bouffe. Un bloc de parmesan et un sac de risotto se retrouvent dans mon panier avec un gros poulet et de belles tranches de veau pour l'osso buco. En passant chercher des pommes, je me suis retrouvée à Paris l'espace d'un instant. Il y avait un marchand dans une petite cuisine ambulante qui faisait griller des marrons. Il les servait tout chauds dans des cornets de papier journal.

Mon voyage se termine ici. Au menu : une salade d'aragula (roquette) parsemée de fines tranches de parmesan, une poule au pot et, au dessert, des pommes enrobées de pâte filo. On va faire la fête des couleurs et des saveurs avant que le ciel nous tombe sur la tête. J'aimerais tellement que ma petite mère, Mado, soit encore là. Allez, viens chez moi. C'est moi qui cuisine. Je suis rendue bonne cuisinière. C'est toi qui m'as appris.

Ma saison préférée est
à l'article de la mort
puisque c'est le temps
de l'Halloween.

Si « trouille » m'était contée

Je fais tout ce que je peux pour retenir l'automne. Je marche dans ses feuilles mortes, je hume ses parfums d'été brûlé, je reçois sa lumière de fin de journée sur mon visage. Je lui susurre des mots d'amour, des mots toujours : « *Ne me quitte pas, ne me quitte pas, ne me quitte pas. Je t'offrirai des perles de pluie venues de pays où il ne pleut pas... Ne me quitte pas. Je t'inventerai des mots insensés. Je me cacherai là, à te regarder danser et sourire, à t'écouter chanter et puis rire... Ne me quitte pas...* »

J'ai beau l'implorer, le supplier, l'automne fait la sourde oreille et s'en va, à petits pas, cahin-caha. Comme s'il avait pris un coup de froid, il frissonne, il toussote. Il se déguise (c'est de bon ton) en Marguerite Gautier, à l'automne de sa vie. Il devient la Dame aux camélias et, dans un dernier soubresaut, il laisse échapper ses dernières couleurs dans un mouchoir blanc neige. J'ai beau vouloir le retenir, l'automne s'éteint à petit feu dans ses feuilles mortes qui se ramassent à la pelle. On pourra bientôt lire sur sa pierre tombale jonchée de fleurs séchées : *Ci-gît l'automne. Il est parti sans faire de bruit.*

Et quand je vois les citrouilles, le sourire fendu jusqu'aux oreilles, et les squelettes qui sortent leurs vieux os au grand jour, je sais que ce n'est qu'une question de temps. Ma saison préférée est à l'article de la mort puisque c'est le temps de l'Halloween.

Le péril jaune orange envahit nos villes et nos campagnes. Les énormes cucurbitacées de toutes configurations, tantôt rieuses, tantôt pleurnicheuses, souvent menaçantes, se fendent la gueule aux fenêtres des maisons et éclairent les dernières nuits de l'automne de leurs sourires édentés. Par la suite viendront sonner aux portes les petits monstres sortis des boules à mites, les extraterrestres venus de chez Wal-Mart, les fées pas toujours féminines, les sorcières bien-aimées et les autres, les Superman cloués au sol, les fantômes en drap de « flanellette » troué. Les masqués, les peinturés, les poudrés, les déguisés. Je ne sais pas si cette année il y aura beaucoup de Super W. Bush et de Mister Bean Laden qui circuleront dans la nuit. Une nouvelle chasse aux sorcières ! Mais je suis convaincue que Harry Potter fera du ballet sur son balai volant.

Halloween, qui es-tu?

J'ai voulu comprendre d'où venait cette fête de l'Halloween qu'on célèbre de plus en plus chez nous. J'ai fait appel à mon ami Daniel Turcotte, historien. Comme je le dis souvent, on devrait tous avoir un Daniel Turcotte dans nos écoles et dans nos soupers. Avec lui on s'endort moins concombre – autre cucurbitacée.

Ce sont les Celtes qui croyaient que, dans la nuit du 31 octobre au 1er novembre – moment où ils fêtaient le passage d'une année à l'autre –, les morts de l'année venaient faire une dernière petite visite à leurs amis et aux membres de leur famille toujours vivants, avant de disparaître à jamais. Évidemment, voir le village être ainsi envahi par les esprits des trépassés avait de quoi effrayer les vivants, qui s'enfermaient bien comme il faut chez eux et se couchaient en laissant soit des victuailles pour les morts devant la porte, soit les restes du repas du soir bien en évidence sur la table. Une pratique certainement tentante pour les « petits comiques » du coin, qui sortaient ce soir-là courir les rues, déguisés en morts, pour voler la fameuse nourriture ou pour jouer des tours aux vivants apeurés. À son arrivée, le christianisme voudra bien sûr abolir toutes ces pratiques qui sentaient trop le paganisme. Plus tard, l'Église va organiser des tournées de quête pour le salut des âmes, tournées faites par des fidèles déguisés non plus en morts, mais en anges ou en saints.

Cela n'empêchera pas les populations celtes dans les campagnes de continuer à mettre de la nourriture sur le pas des portes de même qu'à jouer des tours le 31 octobre, la veille de la Toussaint. Le mot Halloween vient de *All Hallows Eve* ou veille du jour consacré aux saints. Lorsque les Irlandais vont émigrer massivement aux États-Unis, au XIXe siècle, ils vont emporter ces croyances et ces pratiques avec eux. Les tours qu'on jouait dans les villes à cette occasion vont devenir de plus en plus dangereux. Les autorités américaines finiront par interdire aux adultes de célébrer l'Halloween ouvertement. Dans les années 1920, on va commencer à déguiser les enfants, puis à les faire quêter dans les rues, tradition qui aurait vu le jour à Anoka, petite ville du Minnesota. Et dans les années 1950, on décidera d'en profiter pour que les enfants récoltent des fonds pour l'Unicef. Quant à la coutume de mettre une chandelle dans une citrouille, elle viendrait d'une vieille légende irlandaise qui raconte l'histoire d'un certain Jack qui, ayant fait une mauvaise vie, est condamné à errer sur terre jusqu'au Jugement dernier. Jack va imaginer, pour éclairer son chemin, de mettre une chandelle dans un navet. Légume qui, lorsque les Irlandais arriveront en masse en Amérique, sera remplacé par un produit non seulement plus pratique, mais surtout 100 % américain : la citrouille.

On a changé l'heure.
Et l'heure nous a changés.

Ô temps ! suspends ton vol...

Drôle de période. Les outardes s'en sont allées, naviguant dans le ciel en empruntant leur formation en V, comme à l'accoutumée ; peut-être pour nous dire que l'hiver s'en Vient et qu'il faut faire Vite. Au sol, les roulottes des *snowbirds* ont fait de même. Leur formation a tracé le V de vacances ou de : *Volare*, adieu Verglas, on s'en Va. Parlant d'oiseaux, notre huard aussi bat de l'aile ; en chute libre. *Anyway !* On a changé l'heure. Et l'heure nous a changés.

Excitant sur le moment puisqu'on gagne une heure de sommeil ou une heure d'activité libre ; c'est selon. Très agréable réveil. La vie vient de nous donner une heure de plus. Pour les gens comme moi, qui en manquent tout le temps, c'est génial. Une heure qui nous tombe du ciel. Une heure gratis. Une heure qui ne nous sera créditée qu'au printemps. À ce moment-là, on devra la redonner au temps. Mais en attendant... D'abord on flâne au lit. Puis, après s'être étiré de plaisir en constatant que ce changement d'heure est la plus jolie chose qui pourrait nous arriver en cette journée tristounette au-dehors, on va chercher les journaux à la porte. On se recouche en bondissant de joie dans son lit. Youppi ! C'est comme un dimanche d'une durée de vingt-cinq heures. Mais après avoir épluché les journaux qui nous apprennent que tout est noir partout sur cette « boule qui roule dans l'infini », nous découvrons – page après page et terribles photos à l'appui – que nous ne sommes que des petits pions sans importance sur cet énorme échiquier. Terrible jeu de société dirigé par des hommes à casquette sous l'œil de « Dieu est bon ! » et des hommes à turban qui agissent au nom d'« Allah est grand ! » Bataille qu'on prédit interminable et qui pour l'instant affiche match nul. On se dit qu'il faut faire quelque chose. Mais quoi ? Je ne suis malheureusement pas médecin, sinon je quitterais mon chaud domicile pour aller aider. Alors, j'essaie de ne pas fermer les yeux afin de ne pas oublier ceux qui sont, et seront, les victimes dans cette horreur. Toutes celles qui sont prisonnières d'un long voile, ou ceux qui vont tête nue, c'est-à-dire les sans Béret blanc, les sans Couronne, les sans Casquette à logo, les sans Turban noir, les sans Tiare papale ou autre couvre-Chef du même genre !!!

Une heure à perdre ou à gagner

J'ai une heure de plus... Aussi bien en profiter. Je m'active. En cette période de l'année, je ne sais pas ce qui me prend mais je deviens écureuil. À la veille de l'hiver, je fais place nette dans mon antre, torchon dans une main et sac vert dans l'autre.

Je plonge la tête dans les armoires, les tiroirs, les garde-robes. Je nettoie, je déplace, je vérifie les denrées, les avoirs et les biens, et je réalise que j'en ai bien trop. Je jette l'inutile. Je donne mon trop-plein à ceux qui sont dans le besoin. Tout est propre, à sa place. L'hiver peut venir, je suis prête.

Je pense soudain à ces phrases d'Alexandre Vialatte : « Le temps perdu se rattrape toujours. Mais peut-on rattraper celui qu'on n'a pas perdu ? »

Alors je m'assois. Et je ne bouge plus. La solution à ce monde de fous dans lequel nous évoluons est peut-être de s'asseoir avec ceux qu'on aime et de prendre du temps avec eux. Et d'en perdre, aussi. Alors, je fais signe à mes amis. Et j'essaie de mettre en application ce mot de Boris Vian : « Notre temps est précieux. Perdons plutôt le vôtre. » Leur répondeur m'apprend qu'ils sont tous occupés à prendre du bon temps dans la nature. On se reprendra.

Il y a tout de même Donald qui m'apporte en passant un couteau à pain. Il trouve que le mien ne vaut pas de la « schnoutte ». Je lui donne en échange un cent pour ne pas briser notre amitié qui n'a pas de prix. Il m'apporte, par la même occasion, un énorme bouquet de fines herbes fraîchement coupées de son jardin, un que l'hiver ne mordra pas avec ses dents de verglas.

Mon fils appelle pour me dire qu'il va passer plus tard. Il vient fermer les fenêtres pour que le froid n'entre pas, monter du bois pour la cheminée, sauver in extremis un romarin qu'il plante dans un grand pot de grès. Il fait la même chose avec un laurier qui n'a pas fleuri de l'été, mais qui a repris du poil de la bête sur mon petit balcon. Ainsi chouchoutés, ils vont survivre à l'intérieur.

Tout à coup, la noirceur envahit les rues. L'entre chien et loup fait tout ce qu'il peut pour entrer dans la maison. C'est l'heure des bougies. Mon amie Suzanne qui vit en Suède me dit que l'hiver, lorsqu'il fait noir très tôt... trop tôt, ils en allument partout dans la maison.

Et la lumière fut. J'allume également un feu de cheminée. Le premier de l'automne. Je laisse entrer Henri Salvador et ses jolies mélodies dans mes oreilles. « Je voudrais de la lumière/Comme en Nouvelle-Angleterre/Je veux changer d'atmosphère/ Dans mon jardin d'hiver* ».

J'ai cuisiné des plats rassurants. Une blanquette de veau mijote sur le poêle, tandis que les arômes caramélisés d'un riz au lait émanent du four. Un petit verre de Lillet à la main, le chat qui ronronne sur

---

* Henri Salvador, *Chambre avec vue*, étiquette Virgin, Musique EMI Canada.

mes genoux, je m'apprête à étirer le temps en allant rejoindre Michel Tremblay qui va me parler de l'homme qui entendait siffler une bouilloire*.

Changer d'heure, c'est comme un jour d'action de grâces.

Merci, la Vie. J'ai une heure en plus, un petit jardin d'herbes au frais dans mon réfrigérateur, et, en partant, mon fils m'a dit : « Merci d'être ma mère. »

---

* Michel Tremblay, *L'homme qui entendait siffler une bouilloire*, Montréal, Leméac/Actes Sud, 2001.

Laissez-moi vous raconter
l'histoire d'une petite fille,
pas si petite que ça...

Le livreur de bonheur

Une petite phrase me vient à l'esprit ce matin. Une petite phrase terrible. Je n'ose même pas la prononcer à haute voix. Je vais plutôt l'écrire. Elle peut toujours servir.

> *Chaque fois qu'un enfant dit : « Je ne crois pas aux fées », il y a quelque part une petite fée qui meurt.*
>
> Sir James BARRIE, *Peter Pan*

Laissez-moi vous raconter l'histoire d'une petite fille, pas si petite que ça, et d'une fée pas si féminine que ça. Dans le premier cas, il s'agit de mon amie Louise, et dans l'autre cas, il s'agirait plutôt d'un gros ours assez bien léché qui joue les petites fées.

J'ai une amie, depuis toujours, me semble-t-il. Elle s'appelle Louise. Elle est très belle, de cette beauté d'un autre siècle avec sa grâce et son élégance. Elle est très grande et très gentille. Elle a des bras qui n'en finissent plus. Plus jeune, j'avais envie de ce type de bras, que j'appelais d'ailleurs des bras-foulards. Mais il faut être pas mal grande pour ça. Vous savez, ces bras si longs et si fins qu'on peut les envoyer nonchalamment sur l'épaule, comme un foulard. Louise sait se servir de ses grands bras pour consoler. Elle cuisine comme personne, sait recevoir ses amis, a le pouce vert, magique. Chaque été, d'ailleurs, elle fait pousser un immense champ de tournesols qui tournent leur tête allègrement en direction du soleil. Avec la rangée de peupliers de Lombardie qui longe la route, ses petits soleils par milliers font penser à la Toscane. Ensemble on rêve souvent à des ailleurs, à des pays qui sentent bon la lavande, et les glycines et l'ail et tellement d'autres saveurs qui mettent en joie. Elle aime également les bords de mer et le vent dans les cheveux, et s'il y a, par bonheur, quelques volatiles qui se baladent dans le ciel, elle est aux petits oiseaux.

Nous avons eu, au cours de notre longue amitié, des moments de grands bonheurs, des chagrins inconsolables dont on ne se rappelle plus la cause, des fous rires sans fin, et quelques discussions qui ont failli tourner au vinaigre. Surtout une, à cause d'une partie de scrabble. Il faut dire qu'elle est très forte à ce jeu. Un jour que j'étais hospitalisée, pour me désennuyer elle était venue me visiter, en apportant son jeu. Elle gagnait à tous coups. L'infirmière qui est venue prendre ma pression l'a jetée illico à la porte, tant elle avait fait monter ma pression artérielle. Et un autre jour où l'on jeûnait ensemble – eh oui ! ça nous arrivait –, on a failli se brouiller sérieusement à cause d'une recette de pommes de terre farcies à je ne sais plus quoi. Difficile de réfléchir intelligemment quand on a l'estomac vide. Je n'arrivais pas à comprendre ce qu'elle m'expliquait et elle ne comprenait pas que je ne saisisse pas ses explications. On était toutes les deux dans les patates ce jour-là, même si elle soutient encore mordicus que j'étais la seule fautive. On n'a jamais exécuté la dite « maudite » recette de peur de briser quelque chose entre nous. Mais on n'a qu'à évoquer ce moment pour nous écrouler de rire. « Deux fillettes qui n'ont pas de bon sens. »

L'été, je ne la vois jamais, ou presque. Moi je travaille et madame pêche. Elle essaie bien de m'initier à ce sport, mais la bibitte me rebute au plus haut point. La voilette, je la préfère sur les chapeaux élégants. Et puis, je suis convaincue que si la température n'est pas de notre bord on va rester dans le chalet et qu'elle va finir par me proposer de jouer une partie de scrabble. Et qui sait si on ne ramènera pas la patate farcie sur la table? C'est trop risqué. Je laisse Louise à son sport préféré. Je suis ravie qu'elle me rapporte le fruit de sa pêche au saumon. Ça aussi, elle fait ça très bien. Il n'y a pas grand-chose qu'elle ne fait pas bien, cette fille. Si, deux. Elle rêve tout bas de la Toscane et ne croit pas aux fées.

Mais ça, c'était sans compter sur notre ami « Bernard ». C'est le nom que je lui donne. Il a peur qu'on le reconnaisse, si je l'appelle Louis. La bonne fée dans cette histoire, c'est lui. Un saint-Bernard, c'est tout ce que j'ai trouvé pour faire le pendant masculin de la bonne fée. En fait, l'homme a l'air d'un gros nounours pas de poil. Il porte une tuque en permanence, été comme hiver. Il a froid au coco, et il saute d'un pied sur l'autre lorsque les planchers sont trop chauds à son goût. Allez comprendre quelque chose. Il refuse catégoriquement toute invitation à manger chez les gens. C'est lui qui invite, et au restaurant. Étrange bête. Mais il est doux comme un agneau, secret comme un loup, drôle comme un singe, habile castor, fidèle épagneul, il n'est pas « barré » comme un zèbre, prend parfois les gens à rebrousse-poil comme un porc-épic, mais est mystérieux comme une licorne, rusé tel un renard, tenace comme une fourmi. Je m'arrête ici; toute l'arche de Noé y passerait. Il est aussi vif que l'éclair, tendre comme une aube naissante, brillant comme une étoile. Vous l'avez compris, c'est un homme de la nature. Et il devient bonne fée plus souvent qu'à son tour. Il faut se battre avec lui pour le gâter. Mais lui ne donne pas sa place.

Le voyage immobile

Lorsque « Bernard » a entendu Louise rêver tout bas de la Toscane, il a eu une idée magnifique. Aussi obstiné qu'un saumon qui remonte une rivière, il a décidé – pour que l'idée du rêve possible entre bien dans la caboche de notre amie – de lui expédier, chaque semaine, un livre sur la Toscane. Jusqu'à ce qu'elle se décide à faire le grand saut. Je me dis qu'un billet d'avion aurait fait tout aussi bien l'affaire. Mais, connaissant Louise, elle n'aurait jamais accepté. « Bernard » a compris que tous ces livres offrent l'occasion d'un voyage immobile en attendant le vrai. Page après page, Louise s'avance plus près de ce lieu magique où la couleur se mêle amoureusement aux cyprès et glisse sur les maisons ocre avec tendresse, parmi les coquelicots, les petits marchés, les statues toutes nues, les champs de blé et le chianti. Tous ces mots et toutes ces images font saliver l'œil et pleurer de joie la bouche devant tant de beauté. Quelle idée géniale il a eue, « Bernard » le magnifique !

Comme le dicton qui nous apprend qu'une petite fée meurt quelque part si l'on arrête de croire en elle, la théorie du chaos proposée par E. N. Lorenz vient nous rappeler – et « Bernard » aussi – qu'un battement d'ailes de papillon pourrait déclencher une tempête à des milliers de kilomètres et avoir des conséquences considérables et imprévisibles. Pendant que Louise croule sous les livres sur la Toscane, « Bernard » est devenu livreur de bonheur à domicile, lui envoyant par la poste un vent de Toscane caressant qui souffle des paysages dans sa maison. En attendant…

À notre tour de donner des ailes aux rêves des gens qu'on aime.

Je prends le train
de l'imaginaire.

Chouette ! Harry est en ville !

Il fait froid.

J'ai enroulé mon cou frileux d'une grande écharpe rayée rouge et jaune. J'ai enfilé mes lunettes cerclées de noir sur mon nez. Je suis entrée en gare et je me suis dirigée vers le quai 9 3/4 et, croyez-le ou non, je me suis élancée avec fougue dans le mur de briques devant moi. J'ai atterri sans mal, et sans aucune égratignure, sur le quai où circulent, tout aussi excitées que moi, des jeunes personnes. Je me suis retrouvée à bord du train rouge et noir, le *Hogwarts Express*, qui m'éloignera du monde des Moldus auquel j'appartiens malheureusement. Je prends le train de l'imaginaire. Il fait froid, mais j'ai 11 ans.

En ce dimanche de novembre, j'ai l'infime honneur de me retrouver dans une salle noire où un immense écran fait tout un pan de mur et sur lequel on va me projeter une histoire qui, au départ, a été tracée avec brio entre les pages d'un livre. J'adore me retrouver dans la salle noire d'un cinéma dans l'attente d'une histoire. J'éprouve la même sensation enivrante lorsque j'ouvre les pages d'un roman.

Je vais être seule, dans le silence, avec un héros qui va me prendre par la main et m'emmener dans son histoire. Et je vais le suivre avec un réel plaisir. J'aurai peur et froid en même temps que lui. J'aurai soif et je tremblerai de plaisir en sa compagnie, mais jamais je ne le quitterai avant d'avoir franchi la ligne qui porte le vocable : *f i n*.

Mais cet après-midi, la salle de cinéma dans laquelle je me trouve est bondée de privilégiés, grands et petits. Et je ne sais pas lequel des deux groupes est le plus excité. On va tous voir enfin, et ce, avant tout le monde, les aventures tant attendues d'un jeune héros mondialement connu. Les personnes présentes ont toutes lu au moins le premier des quatre romans déjà parus, et dont il sera question à l'écran. Je parle bien sûr de la première aventure de Harry Potter à l'école des sorciers. L'excitation est palpable comme à la veille d'une tempête de neige. Et puis le noir se fait. Mon petit voisin de dix ans aux yeux clairs et que je ne connais pas, qui s'appelle Louis et qui me donne du « madame » à chaque phrase, me rassure : « Tu vas voir, ça va être génial ! » Il me chuchote qu'il a super hâte à la partie d'échecs. Moi j'ai hâte à tout, petit bonhomme. J'espère que je retrouverai les personnages que j'ai aimés, mais surtout de la façon que je les ai imaginés. Tout d'abord, le trio : Harry Potter, Ron Weasley le rouquin et la brillante et juste assez fatigante Hermione. Mais également le géant Hagrid et son dragon Norbert, les profs de Poudlard, l'homme à deux visages, Dudley le petit gros et Malefoy le pas fin.

Et puis le silence se fit. On entendit une chouette voler et les crapauds se cachèrent sous les sièges. Et le monde de Harry Potter se mit à exister sur l'écran blanc. Exactement comme je l'avais imaginé. J'ai retrouvé le château de Poudlard, l'école des apprentis sorciers avec ses tableaux vivants qui demandent les mots de passe pour vous laisser entrer au dortoir, les escaliers qui changent de direction, le « Choixpeau » qu'on enfile et qui décide à quel groupe les petits nouveaux vont appartenir tout au long de leurs études : Gryffondor, Poufsouffle, Serdaigle ou Serpentard. Et la partie d'échecs – mon petit voisin jubile – et le jeu de Quidditch sur balai volant – en Nimbus 2000 de préférence – avec sa balle ailée presque impossible à attraper. Il y a également le troll inquiétant et la cape invisible, et les clés volantes et « celui-dont-on-ne-doit-pas-prononcer-le-nom » et la forêt interdite et Touffu, le terrible chien à trois têtes. Ils y sont tous. Et le plaisir est là aussi. Pour moi également.

Je suis peut-être une « madame » aux yeux de mon petit voisin de siège, mais je suis une habituée de ces films d'aventures pour jeune public. Je fais partie du jeune public. J'ai eu le plaisir et le grand bonheur de me coller à mon fils pour voir tous les *Star Wars* et les *Indiana Jones*. Se taper trois *Star Wars* en rafale dans une même journée, avec une gang de copains de votre fils, c'est génial et contagieux. Et les effets secondaires perdurent. Vous entendez pendant au moins une semaine les pfisst ! des armes des ennemis et les fuzzitt ! des épées lumineuses. Cette fois-ci, vous ne regarderez plus votre courrier et votre balai de la même façon. Mais quelle joie d'avoir sept, neuf et onze ans.

Depuis, la belle folie Harry Potter a fait courir les foules non seulement en Angleterre et en Amérique, mais partout dans le monde. Alors ne résistez pas à un tel plaisir. Sortez de votre réduit, sous l'escalier, et prenez le chemin de traverse. Courez vous acheter les dragées surprises de Berthe Crochu (à la cannelle ou au foie de veau, à moins que vous tombiez sur une au goût de poubelle). Fou rire garanti ! Mais avant tout, mettez un peu de jeunesse et de magie dans votre vie. Et si vous êtes trop timide pour affronter seul la joie, empruntez un petit garçon – ou une petite fille – pour vous accompagner. Il va tout vous raconter parce qu'il connaît par cœur les aventures du héros sorcier. Et dans le noir, sur l'écran blanc de votre imaginaire, il vous poussera sûrement autour du cou un long foulard rayé rouge et jaune, et des lunettes sur le bout du nez.

Par les temps qui courent, les avions se prennent les ailes dans les nuages. Il serait peut-être temps qu'on apprenne à enfourcher les balais.

Tu viens quand tu veux.
J'y serai…

Le plus beau des rendez-vous

Il m'avait donné rendez-vous. « Tu viens quand tu veux. J'y serai, à compter de jeudi soir. Par contre, je dois quitter les lieux lundi à la tombée de la nuit. Mais tu as largement le temps de me trouver. » Il a toujours eu une façon toute spéciale de s'entourer de mystère, de m'exciter – il faut le dire –, mais tout ça me plaît énormément. On ne résiste pas à une telle invitation. C'est comme partir en voyage vers une ville inconnue, c'est comme naviguer vers un chapelet d'îles perdues, c'est une nuit dans une chambre au bord de la mer, un séjour dans une oasis en plein désert. Je ne sais jamais à quoi m'attendre avec lui. Mais ça me trouble au plus haut point et je ne peux résister à son invitation annuelle. Dans quelle histoire folle vais-je, encore, m'aventurer! J'ai d'abord laissé mon manteau au vestiaire. Je ne voulais être encombrée par aucune charge. C'est le cœur léger que je voulais le retrouver. À l'entrée, sur une grande banderole, il m'avait laissé un message : « Passez au salon. »

J'ai monté le grand escalier, de l'excitation dans les jambes. J'étais loin d'être la seule. Il y avait déjà foule sentimentale. Mais j'étais la pire du genre. Qu'à cela ne tienne. Même si on était des milliers, pour moi, il est unique. Mon cœur battait la chamade. Et si je n'allais pas le reconnaître? Et si ça ne cliquait plus entre nous? Et si on se ratait? En haut des marches, une dame – sûrement postée là par ses soins – m'a accueillie en me tendant une brochure. Elle a chuchoté à mon oreille : « Page soixante et onze. » Je suis restée plantée là sans rien comprendre.

Et puis j'ai allumé. C'est un code. Il me fait signe. Je me suis précipitée à la fameuse page. Il y avait là un tracé; une sorte de labyrinthe avec des numéros et le dessin de petits boudoirs qui portaient de jolis noms. Hachette, Libre Expression, Hurtubise, Boréal, courte échelle, Leméac/Actes Sud, Québec Amérique, Gallimard. Et plein d'autres, encore. Mais j'avais la certitude qu'il serait là, quelque part juste pour moi, et qu'il m'attendait. Je n'avais qu'à le trouver à travers ce jeu de piste.

Où pouvait-il se cacher, celui qui allait encore une fois combler mes désirs et mes heures de solitude? Celui qui allait me faire rire aux éclats et puis éclater en sanglots l'instant d'après, tant l'émotion me prendrait à la gorge lorsqu'il me raconterait son histoire. Où se cachait celui qui allait me faire frissonner d'angoisse ou rendre mon souffle court de désir, tant ses mots seraient empreints de sensualité? Entre *lui* et moi, c'est une histoire qui ne date pas d'hier. Et maintenant, je sais que je ne peux plus m'en passer. Pour rendre le jeu plus troublant entre nous, il change de nom, parfois même de langue, et sa jaquette n'est jamais de la même couleur. Parfois il se fait tout petit, à d'autres périodes, il prend du volume. Ça m'en fait plus à aimer.

À chacun sa chacune

La toute première fois que je l'ai rencontré, il s'est présenté sous le titre de comte de Monte-Cristo. Je l'amenais partout avec moi. Dans mon bain, à table, en marchant dans la rue, sous mes couvertures. Je passais des heures avec lui. J'ai même rencontré son père à quelques reprises; un M. Dumas qui parlait fort bien. Et, bonheur sublime! ma mère me laissait vivre cette idylle en toute impunité. La seule recommandation qu'elle me fit, c'est d'en fréquenter d'autres. Elle me trouvait bien jeune pour rester collée avec le premier venu. Mais il n'était pas fou, celui que j'aimais déjà à la folie. C'est là que ses déguisements et ses noms se multiplièrent. Sous mes yeux, il s'est fait poète, conteur, biographe, dramaturge, essayiste, historien. Parfois il venait d'ailleurs. Parfois il n'était qu'une image. Une fois il s'est fait interdire. Mais j'ai quand même réussi à mettre la main dessus. Cette fois-là, il m'a fait rougir. Il a bercé mon enfance et mon adolescence, mes nuits, pendant des heures et des heures. Il continue d'ensoleiller mes jours de repos et mes vacances. Il m'a tout appris ou presque. Il m'a fait grandir. Il m'a fait voyager, rêver, frissonner. Il m'a montré la vie autrement, m'a dévoilé les grands sentiments. Il m'a inculqué la libre-pensée et m'a indiqué le chemin de la liberté.

En me promenant dans son salon, j'ai vu d'autres accros comme moi. Deux petits assis à même le tapis. Il s'est allongé sur leurs genoux. Eux n'ont pas bronché, ils étaient en pleine histoire d'amour. Plus loin, un jeune homme tenait le sien dans ses bras et le pressait contre lui. Ce grand garçon ressemblait à un matin de Noël tant ses yeux brillaient, d'excitation. J'ai croisé également une femme qui se penchait vers lui et ouvrait délicatement sa jaquette pour ne pas le froisser, puis plongeait son nez dedans. Elle n'essayait même pas d'en savoir davantage sur lui. Elle le respirait pour savoir si c'était bien lui qu'elle cherchait. Elle en a reniflé quelques-uns comme ça. Je ne sais pas si elle l'a trouvé.

Et puis, j'ai vu des gens, par centaines, attendre en file, des heures durant. Ils l'avaient trouvé, celui qui allait leur donner le goût du bonheur. Ils espéraient rencontrer, par la même occasion, celle qui lui avait donné le jour.

À un moment, mon cœur s'est arrêté de battre. Il était là, plein de promesses. Il s'était fait beau, il n'attendait plus que moi. Il m'a plu tout de suite. Je suis repartie avec lui.

Pour l'instant je le caresse tendrement de la main et des yeux, je respire son odeur de papier neuf et j'étire le moment avant de plonger enfin dans ses bras pour qu'il me berce d'illusions et pour qu'il se livre, enfin.

Dans ma chambre,
l'extérieur n'existe pas.

Vue imprenable

D'habitude on dit : « chambre avec vue » et « vue imprenable ». La chambre, tant que je suis chez moi, je n'y tiens pas, qu'elle soit avec vue. Si je séjourne dans un autre pays, c'est tout à fait différent. Je la veux avec vue, et avec vue imprenable, si possible. Dans ma chambre, l'extérieur n'existe pas. C'est un lieu fermé sur lui-même, secret, douillet. La vue imprenable, c'est sur l'écran noir de mes nuits blanches qu'elle prend tout son sens. Pour mon bureau, c'est différent. J'ai la chance d'avoir un bureau avec vue. Il donne sur l'extérieur. C'est important, cette vue sur l'extérieur. Elle me distrait du travail quand je n'arrive plus à rien de bon, elle me permet de respirer, à défaut de prendre l'air à l'extérieur, et elle me dit que la vie se poursuit dehors.

J'ai toujours eu un bureau avec vue. Parfois même avec une vue imprenable. Ça m'a toujours fait sourire, cette expression de « vue imprenable ». C'est faux. Elle est tout à fait prenable, la vue. Les yeux s'en emparent et la mémoire la conserve. J'ai eu un bureau qui donnait sur le parc Lafontaine, un autre, sur le carré Saint-Louis et, maintenant, il donne sur le Vieux-Port. Une place et des bateaux. Mes bateaux. Je sais, c'est très prétentieux de faire mienne la propriété de ces cargos amarrés pour l'hiver devant mes fenêtres. Quand j'ai emménagé dans cet appartement, il y avait là, dans ma cour, deux énormes cargos aux flancs rouillés ; leurs cheminées se dressaient haut dans le paysage. Je suis partie deux jours à la campagne me reposer du déménagement et à mon retour il me manquait un bateau. Je la prenais « personnel » cette disparition de bateau. Personne ne m'avait prévenue. On m'avait volé une partie de ma vue imprenable.

Une femme à la fenêtre

Il s'en passe des choses sous les fenêtres de mon bureau. Il y a des touristes qui viennent lire les renseignements sur l'histoire des vieux murs, des adolescents qui descendent de leur autobus jaune bruyamment, en liberté surveillée, mais excités d'avoir délaissé leurs classes. Des personnes qui promènent leur chien. Des gens qui passent à bicyclette, en patins à roulettes ou en trottinette. D'autres qui s'assoient pour lire ou pour attendre quelqu'un. Mais ce qui me plaît le plus, à part les gros bateaux dans l'eau qui vont bientôt se figer dans la glace, c'est ce qui s'y passe à l'heure du dîner. Je n'ai pas besoin de regarder l'horloge pour savoir l'heure qu'il est. Ils me l'apprennent. Qui ça? De grands garçons qui, tous les midis de la semaine – beau temps, mauvais temps –, s'installent en cercle et jouent au aki. Vous savez, cette toute petite balle molle remplie de grains de riz ou de billes de plastique et qu'on doit se lancer sans utiliser les mains. Les pieds, les genoux, la tête, tout est mis à contribution. Ils virevoltent, font des sauts périlleux, sautent, retombent sur leurs pieds, font des acrobaties pas possibles pour qu'à aucun moment la petite balle ne morde la poussière. Immanquablement, je sais qu'ils sont sur la place lorsque j'entends un éclat de joie. Je sais qu'ils ont commencé à jouer et que l'un d'entre eux vient de faire un bon coup. Ils me plaisent, ces grands garçons qui passent l'heure du lunch à s'envoyer une toute petite balle et à y prendre tant de plaisir. Et moi, j'en prends à les regarder. Parfois même je reste assise à mon bureau, dos à la fenêtre, et je les entends manifester leur plaisir. À d'autres moments, je ne résiste pas à ce petit bonheur tout simple et je tourne mon fauteuil à roulettes vers la fenêtre et je les observe un instant. De grands enfants qui s'amusent simplement.

Je n'ai qu'un regret. Tandis que le froid m'apporte dans ma vue imprenable de grands cargos au repos pour l'hiver, j'ai peur que ce même froid fasse fuir mes amis rieurs sur la place et que ces grands garçons fous d'une petite balle ne viennent plus danser sous ma fenêtre. Ils font partie de mon paysage maintenant. Il est plus agréable d'entendre rire « midi » que de l'entendre sonner!

Dans un autre appartement que j'ai habité, je m'étais entichée d'un vieux couple de Chinois, fascinant. Je n'arrivais pas à me passer de cette vision. Si, une journée, ils ne venaient pas dans le parc face à ma fenêtre, il me manquait ce calme que je décris plus haut. Ils étaient fantastiques de tranquillité. Le cérémonial était toujours le même. Ils arrivaient ensemble au bout du parc. Ils avançaient à petits pas sans se parler, sans se regarder. Puis, ils se séparaient. Lui poursuivait le chemin à l'intérieur d'une petite barrière de fer forgé. La femme prenait, en parallèle, celui qui mène à un banc. Elle lui tournait le dos et me faisait face, assise sur le banc, les deux mains sur ses genoux, le regard dans le vide. Et puis le rituel commençait. L'homme, dans de grands gestes lents à l'infini, presque au ralenti, exécutait un ballet avec ses bras et ses jambes. Ses mains et ses pieds, tels des papillons, virevoltaient dans l'air dans une suite de mouvements continus. Un tableau magnifique. Mais le plus beau de cette vue imprenable, c'est que, lorsque son enchaînement se terminait, la femme, qui n'avait pas bronché, se levait. Je me suis toujours demandé comment elle savait qu'il avait terminé son tai-chi. Elle ne le voyait pas, puisque l'homme était dans son dos, elle ne consultait pas sa montre, il ne prononçait aucun mot pour l'avertir. Elle savait. Et moi, ça me plaisait. Tout comme l'éclat de joie des garçons sous ma fenêtre.

Le bonheur, c'est souvent dans de tout petits gestes, dans de toutes petites choses qu'on le trouve. Et dans les vues imprenables à l'heure du dîner.

Il est plutôt du genre discret.
Il passe souvent
– trop souvent – inaperçu.

À renouveler au besoin

Il n'est pas grand pour son âge. Mais son cœur est géant. Comme il n'est pas grand de taille, ça déborde de partout. Dans ses yeux cerclés de lunettes, qui s'allument lorsqu'il y a intérêt. Par ses mains, qui donnent à tout vent. Par sa bouche aussi puisqu'il encourage, félicite, apprécie. Par ses oreilles, également, puisqu'il vous écoute toujours avec une belle ferveur et une grande patience.

Il est plutôt du genre discret. Il passe souvent – trop souvent – inaperçu. Il habite près de chez vous et vous ne le savez pas. Il travaille avec vous, mais il fait si peu de vagues que la vie continue son petit bonhomme de chemin sans que vous y prêtiez attention. Mais lui, il s'occupe de tout le monde. Il s'informe de votre santé, de votre famille. Il sait la date de votre anniversaire et au besoin vous rappelle celle des autres de peur qu'on ne les oublie. Cet homme tranquille est un père Teresa dans l'âme. Sans le linge de vaisselle sur la tête, il va sans dire. Il est heureux comme une mère Michel lorsque sa flopée de garnements va bien. Il a foi dans les gens. Dans la race humaine, c'est une autre histoire. Il apprécie au plus haut point les « petites gens », comme on dit. Les travailleurs de l'ombre, ceux qui ne font pas la une, ceux qui décrochent la lune sans que ça paraisse. Il a horreur de la bêtise humaine, de l'ignorance et surtout de la mauvaise foi. Et il se moque volontiers des gens de « Mariale » (Montréal) qui ont subi, une seule fois dans ce siècle, une tempête de neige en avril.

Il y a quelques années, il est venu me chercher. Je n'allais pas bien. Pas bien du tout. On ne se connaissait pas. Mais ce petit homme s'est approché de moi, vêtu d'un imperméable beige. Il portait sous le bras un document. On aurait dit le jeune frère de Colombo. Sans la coquetterie à l'œil, cependant. Il m'a demandé d'écrire une histoire. Un conte de Noël. J'ai répondu à sa demande par un refus, n'étant pas d'humeur très *jingle bells*. Mais il était là, patient, déterminé, sûr de lui. Du genre qui ne lâchera pas, tout simplement parce qu'il fait partie de ceux qui savent, avant vous, que c'est précisément de ça que vous avez besoin pour aller mieux. Il n'a pas insisté, il m'a juste remis le document en me disant qu'il attendait de mes nouvelles.

Il en a eu. Il a eu son conte de Noël, également. Et moi… Eh bien moi, ça m'a redonné le goût de tracer la vie sur le papier comme avant. Mieux qu'avant, même. Il revient me chercher souvent et chaque fois le miracle s'accomplit pour moi. Je redeviens heureuse. Et lui est content tout plein. Je vous dis, c'est une sorte de magicien, cet homme. Un Bilbo le Hobbit qui a ses peurs, mais qui avance quand même bravement, un Sweet Lord qui vit de sa petite musique intérieure. C'est également un Tintin qui me retrouverait même au Tibet pour me proposer encore et toujours son amitié. L'amitié – un abonnement-cadeau, devrais-je dire. Un abonnement à l'amitié toujours renouvelée, livrée au quotidien.

Dernièrement, mon ami a dû s'arrêter. Prendre des vacances qui s'appellent « obligées », dans son cas. Peut-être qu'à force d'entendre les doléances, les demandes, les exigences, les angoisses, les revendications, les plaintes de tout un chacun, à force d'écouter les autres et pas lui, il s'est transformé en M. Spock. Pas celui qui a élevé nos enfants et qui a avoué s'être trompé sur sa méthode, mais l'autre. Vous savez… Celui qui a les portes de grange pointues. Mon Spock à moi, sans la feuille de chou vulcaine, il va sans dire, ne peut plus tendre l'oreille comme il le fait tout le temps. Il doit se reposer. Et vous savez quoi ? Il n'y arrive pas. Travailler ? Oui, ça il sait ! Se reposer ? Il ne connaît pas ! Je lui ai donc concocté un petit remède pour qu'il aille mieux.

PRESCRIPTION POUR UN PATIENT IMPATIENT

Posologie : à prendre au jour le jour
et au compte-gouttes, de préférence.

- Lire tous les romans qui vous tombent sous la main. Ceux qui donnent des frissons dans le dos et ceux qui font frissonner le cœur.
- Parfaire en douce son anglais. Jouer à *John and Mary*.
- Se procurer un guide sur Londres et rêver au fil des pages.
- S'acheter un cadeau même si ça n'est ni sa fête ni Noël.
- Regarder la télé en pyjama, et pas seulement les infos.
- Louer des tonnes de films à un endroit où ils en ont des tonnes de copies.
- Écouter d'une oreille distraite de la musique qui fait du bien.
- S'emmitoufler dans une couette chaude et rêvasser.
- Déguster des plats rassurants. Chocolat, caramel, crème anglaise, riz au lait... Ou autres bons petits plats comme ceux que nous faisait notre maman quand on était juste un petit peu malade.
- Se laisser gâter comme on le mérite.
- Vacher.
- Tracer dans un cahier le jardin fleuri et le potager de l'été prochain.
- Mettre à jour son livre des meilleurs portos et des vins les plus sublimes.
- Saliver de plaisir.

- Coller toutes les photos des vacances et des amis, qui traînent, dans un grand album.
- Se réveiller... S'étirer dans son lit... Et se rendormir en soupirant d'aise.
- Dessiner juste pour essayer ça.
- Écrire dans un petit carnet des souvenirs heureux, des anecdotes cocasses.
- Flâner à la fenêtre.
- Savourer le temps qui passe.
- S'asseoir et s'écouter penser.
- Faire la sourde oreille au stress, au travail, à l'angoisse, aux fatigants.
- Ne pas répondre à la porte, ni au téléphone.
- Rêver.
- Rire de tout et de rien. Surtout de tout et pour rien.
- Prendre la vie comme elle vient.
- NE RIEN FAIRE !

Si vous avez reconnu mon ami discret, ou le vôtre (il habite à deux pas de chez vous et il travaille à côté de vous)... Eh bien ! dites-lui et dites à tous ses semblables de suivre cette prescription à la lettre, sinon on va aller leur tirer les oreilles. Dites aussi que la minute de silence pour soi, on n'est pas obligé de l'observer quand il est trop tard et surtout qu'on n'est plus là.

Comme chaque année,
la place devant chez moi
se voit parée d'un grand sapin [...]

Je me suis fait passer un sapin

Comme chaque année, la place devant chez moi se voit parée d'un grand sapin décoré de belle manière. Ça fait mon affaire. Lumières, guirlandes et petits personnages s'en donnent à cœur joie dans le vent d'hiver. L'an dernier, l'arbre de Noël avait des allures italiennes et, l'année précédente, il arborait un air mexicain. Hier, les cols bleus sont venus avec une grosse grue pour déposer, dans un premier temps, aux quatre coins de la place, d'énormes cubes de ciment avec des poignées caoutchoutées qui allaient servir à retenir, contre vents et marées (j'habite sur le port), le fameux sapin de Noël. Puis un groupe de jeunes hommes forts ont placé au centre de la surface un immense bac de forme carrée, en bois. Et puis, plus rien. Ah bon !

En fin d'après-midi, lorsque la lumière du jour décline et se fait plus sombre, ils ont installé un pin. Petit comme tout et particulièrement chenu. Rien à voir avec le grand sapin attendu. Quelques maigrelettes branches d'un vert salade et malade. Un petit arbre perdu dans son pot géant. Compressions budgétaires à la Ville ? Mauvais calculs ? Manque d'envergure ? En tout cas, pas de quoi s'exciter le poil des jambes et encore moins les aiguilles de pin.

Le lendemain matin, je me suis fait réveiller par les sons de machineries lourdes. Pas déjà la souffleuse ! Il n'est pas tombé de neige encore. À peine quelques grains éparpillés « persil perla » !!! Je me suis précipitée à la fenêtre. Tiens ! la grue est revenue ! Mais plus aucune trace de l'arbre. Le petit pin malade et rabougri a disparu. On l'a volé ? Peut-être a-t-il eu honte de sa si petite taille et est-il parti, le faîte entre les branches. Le temps de faire ma toilette, de déjeuner en lisant les nouvelles du jour, et pouf! par magie, un vrai sapin qui se tient debout avait pris place dans le grand bac. Avec des lumières aux branches en prime, qui scintillent joyeusement dans la noirceur. C'est bien! Cette année, la nouvelle récolte de sapins vient avec les lumières! Un tout-compris : transporté-installé-allumé. Je suis contente qu'il y ait ce sapin sur la place devant mon appartement. Je ne suis pas obligée d'en installer un dans l'appartement. Parce que la dernière fois que j'en ai admiré un dans mon salon... Il était près de cinq heures du matin. Le magnifique sapin de deux mètres, tout décoré, tremblait de toutes ses aiguilles et de ses boules. Et tout là-haut, un chat, plus mort que vif, mais vivant encore, s'accrochait de toutes ses griffes à la jupe de l'ange. Puis le sapin et les boules et les lumières et l'ange et le chat sont tombés à la renverse dans un grand fracas et un beau dégât.

Mais comme j'ai l'esprit des fêtes assez développé, en plus du sapin qu'on m'a passé sur l'avant de mon building, j'en installerai un, d'ici quelques jours, sur le petit balcon extérieur qui donne sur une minuscule cour intérieure. Je ne mets que des petites lumières blanches. C'est mes voisins qui sont contents. De leurs fenêtres, ils profitent de la vue de ce sapin illuminé. Mes invités peuvent l'admirer à travers les portes françaises de la salle à manger. Pendant les repas des fêtes, lorsqu'on a envie d'une « sniff » de gomme de sapin, on n'a qu'à ouvrir les portes et on savoure l'odeur persistante. Et mon arbre de Noël reste vert très, très longtemps. Pourvu que le froid dure. Les deux dernières années, je l'ai laissé jusqu'en avril. Oui! je sais! Noël, ça se termine en janvier. Mais, pas le temps, trop pressée ; je remets sans cesse cette corvée au week-end prochain. La dernière fois, c'est mon fils qui est venu à mon secours. À l'aide d'un sécateur, on a coupé les branches une à une, puis avec une scie on a sectionné le tronc en petites tranches qu'on a mises dans un sac-poubelle. Je n'osais pas mettre aux ordures l'arbre au complet. Mon fils n'aurait pas été le seul à rire de moi.

On s'est fait poser un lapin

Dame Nature nous a posé un lapin... blanc. L'hiver manque à « la pelle ». Il doit se mirer dans la glace, loin d'ici, pour ajuster sa tuque et ses mitaines. Pas un seul petit grain au sol, ni à l'horizon, pour skier jusqu'à la saison nouvelle. On entend encore résonner nos petits souliers sur les trottoirs alors qu'ils devraient être déjà rangés devant la cheminée. À quand le petit crissement sous la semelle et les claquements de dents? À quand les ouates qui tombent au ralenti? Pour l'instant le temps se fait « chauffe-frette » et la tolérance, uniquement « soûl » zéro!

Non pas que j'aime particulièrement l'hiver, mais les premières neiges ravissent mon cœur d'enfant. Après c'est autre chose. Décidément, tout est à l'envers. On se croirait dans un printemps à l'avance ou dans un automne qui s'étire.

Alors, autant en emporte « l'avent ». Mais qu'on se rassure, il y a des choses qui ne changent pas. Bientôt nous sillonnerons les magasins chargés comme des « mulots » à la recherche du présent qui sera vite du passé. Il y a l'incontournable période des parties de Noël où l'on va s'amuser comme des petits « fours » et où l'on sera « épris » de boisson. Les secrétaires risquent de se changer en « petites reines » au nez rouge et votre patron bien « en paqueté » deviendra le Bonhomme Sept-Heures du matin qui sonnera musette tout en vous proposant des liaisons chaleureuses! Les enfants, petits et grands, se dépêchent d'être sages comme des « mages ». Et le beauf (beau-frère) va souffler comme un âne en tournant les coins ronds des sets carrés et, trop vache pour s'en aller, va crécher chez vous pour faire la galette comme un roi! Et vous, tout ce temps-là, vous allez faire la dinde dans la cuisine et brûler la bûche dans le four en priant la Charlotte de monter en « Notre-Dame des neiges ».

« Ataca!! »

Elle aurait pu
s'appeler Gloria.

La mère Noël

Elle aurait pu s'appeler Gloria. Pas comme dans Gloria Swanson (quoique...), mais plutôt comme dans GLO, oh-oh-oh-oh-oh, oh-oh-oh-oh-oh, oh-oh-oh-oh-oh... RIA! Pour les besoins de la cause, appelons-la Noëlle. Pour une mère Noël, c'est tout trouvé. Elle en a les douces rondeurs et les belles rougeurs aux joues sur sa peau blanche neige et a longtemps porté un petit chignon sur le dessus de la tête, sans l'assaisonnement poivre et sel, il va sans dire. Une toison mousseuse qui lui fait des cheveux d'ange. Et que dire de ses yeux qui changent de couleur et qui scintillent et clignotent selon l'excitation du moment? Une mère Noël, un peu à la manière des images d'Épinal qui ont charmé notre enfance.

Je suis convaincue qu'elle est née au pôle Nord parmi les ours blancs qu'elle affectionne. Et qu'un jour un renne qui passait dans le coin l'a sortie d'un igloo, a transporté le bébé oursonne dans une hotte en peau de bête pour nous l'expédier rue McMahon, à Québec. Ou alors est-ce le facteur qui nous l'a expédiée? Elle ne ressemble pas beaucoup au reste du clan. On a souvent dit dans la famille : « D'où elle sort, celle-là? » Moi, je sais. Je l'ai toujours su. L'atterrissage de Noëlle au sein de notre famille s'est effectué en plein mois de juillet alors qu'un bébé Noël aurait dû nous arriver aux alentours du 24 décembre. J'avoue qu'il y a là un décalage de six mois, mais ne vous en faites pas, ça aussi s'explique. On pourrait dire qu'elle a pris ce temps – elle qui le prend toujours – pour se dégeler. Encore aujourd'hui, elle est décalée par rapport au siècle dans lequel nous vivons. Ce six mois se mesurerait même en années. Des exemples? Elle ne sait pas encore comment prendre ses messages à distance, ni faire fonctionner le vidéo, ni passer un simple contrôle de sécurité policière pour sa voiture. Il lui est même arrivé de monter dans un train, à la gare de Québec, juste pour m'aider à porter mes bagages, et, parce qu'elle n'est pas descendue à temps, elle a été obligée de faire le trajet jusqu'à Montréal – ce samedi-là, le train ne s'arrêtait qu'à Drummondville où il n'y avait ni autobus ni train pour la ramener à son point d'origine. Tout ça, parce qu'elle adore les trains, mais surtout parce qu'elle voulait rendre service. Je pourrais vous en conter une multitude comme celle-là. Alors, va pour le décalage?

Ses origines polaires la trahissent sans cesse. Lorsque Noëlle était enfant et que mes parents recevaient leurs amis, dès leur arrivée elle se précipitait contre eux. On la trouvait chaleureuse. Elle l'était, certes, mais ce qui l'intéressait au plus haut point (au plus haut poil, devrais-je dire), c'était (justement) leur manteau de fourrure. La pelisse qui la ravissait le plus, c'était le lapin. Le plus joli souvenir que j'ai de ma petite sœur – puisque cette Noëlle est l'une de mes sœurs –, c'est quand je la revois endormie sur le lit de maman – sur lequel les invités s'étaient débarrassés de leurs rat musqué, mouton de Perse, chat sauvage –, le museau enfoui dans la fourrure, souriant aux anges, pelotonnée comme un bébé ours grognant doucement de plaisir.

Il n'y a pas que cette manie « poilue » qui parle de ses origines « glaciaires ». Son rire ne laisse personne indifférent. Ou bien elle hurle, ou bien elle rit tout bas dans sa barbe. Elle a un rire clochette. Elle pourrait nous tenir *L'Enfant au tambour* sur un rire continu. C'est dire! C'est quelque chose à voir et à entendre. Pour vous donner un exemple, les gens de la sécurité d'un spectacle de Paul et Paul l'ont sortie en pleine représentation parce qu'elle dérangeait ses voisins de rangée. Elle riait encore la dernière blague lorsque le public s'apprêtait à rire la prochaine. On appelle ça le « rire décalé ».

Encore aujourd'hui, ses amis préférés se comptent par centaines. Ils sont en peluche ; ce sont des nounours de toutes les tailles qu'elle conserve – le mot n'est pas trop fort – dans son appartement, que je qualifierais de chambre froide. Il y fait presque sous zéro. Depuis qu'elle est grande et autonome, elle vit dans des maisons de ménopausées. Comme elle a toujours trop chaud, les fenêtres et la porte-patio sont ouvertes en permanence, et elle prévoit – puisqu'elle est fort maternelle pour tout un chacun – des chandails, des châles de laine et des pantoufles pour ses invités.

L'esprit de Noël

Elle aime par-dessus tout « dehors tu vas avoir si froid », et « Ah ! comme la neige a neigé », et « Les anges dans nos campagnes ». La folle de Noël, c'est elle ! Ça commence au premier jour de décembre par un calendrier de l'avent. Vous savez, ces calendriers de vingt-cinq jours qui vous aident à patienter jusqu'à Noël. Lorsque vous ouvrez la petite case du jour, une surprise chocolatée ou une image pieuse vous attend. Et, en bonne maman Noël, elle pense continuellement à tout le monde. Six mois à l'avance (toujours ce fameux décalage), elle trouve des petits cadeaux, des surprises. Tout excitée, elle les range, dans des cachettes connues d'elle seule, et les oublie là. Lorsqu'il est temps de faire ses emplettes de Noël, elle trouve d'autres cadeaux. Au moment de les envelopper, elle retrouve ceux qu'elle avait dénichés en été. Ce qui fait que l'on est submergé de présents venant de Noëlle à Noël. Et encore là, ses doigts de fée des Étoiles font des merveilles. Elle possède, toujours dans ses placards secrets, des rouleaux de papiers de toutes les couleurs, des rubans, des choux, des rosettes, des guirlandes, des paillettes, des frisous. Des petits anges, des étoiles, des jouets miniatures et des grelots; des cocottes, des cannes rouge et blanc, des clochettes et des lutins pour enjoliver les paquets. Et chaque petite carte qui accompagne un cadeau est un présent en soi.

Sa maison aussi reflète totalement l'esprit de Noël. On y trouve un sapin géant, il va sans dire, décoré de tant de lumières et de boules et de petits personnages qu'on ne voit plus les branches, et qu'une année sur deux la loi de la gravité le rattrape tellement il est lourd. Ce qui la fait rire aux éclats.

Je suis convaincue que, le soir de Noël, m'attendra sous son sapin, en plus des surprises, une boîte en fer blanc contenant des petits biscuits « frigidaire », véritables dentelles délicatement minces et sucrées, que je vais déguster un à un, en pensant à elle.

GLO... HO-HO-HO-HO-HO, HO-HO-HO-HO-HO,
HO-HO-HO-HO-HO, RIA...
NOËLLE EST LÀ.

Votre Noël, je vous le souhaite joyeux, gourmand, festif et chaleureux comme ma mère Noëlle à moi!

Pour elle, je souhaite un monsieur Noël, sorte de *Christmas Daddy* qui prendrait soin d'elle. Ou mieux encore, un homme qui vient du froid pour réchauffer son petit cœur frisson.

Ça commençait toujours de la même manière.

Les petits choux

Ça commençait toujours de la même manière. Elle rentrait à la maison et l'on était cinq à se jeter dessus. Elle avait à peine franchi le seuil qu'on la harcelait avec nos questions et nos baisers et nos exigences. As-tu rapporté ce que je t'avais demandé? Je ne sais pas quoi me mettre sur le dos ce soir; je vais encore avoir l'air d'une vraie folle. J'ai faim; quand est-ce qu'on mange? Tu as eu trois téléphones. Au fait, on a joué à la cachette et on a cassé ton vase. Est-ce que je peux rentrer tard, ce soir?

Je la revois encore, toute petite à cet instant, fragile, mais surtout tellement fatiguée. Je remarquais qu'elle n'avait pas eu le temps de faire sa couleur. Une repousse d'un bon centimètre ornait le fond de sa tête. Toutes les « madames » qui étaient passées entre ses mains durant les jours précédant les fêtes de fin d'année devaient se préparer à aller se pavaner dans des parties, le cheveu éclatant, ondulé ou remonté en un savant chignon. Impeccable. Pas elle. Elle n'avait pas eu de temps pour elle. Elle en avait rarement. Mais je la trouvais très belle. Parfois elle mettait du rouge sur ses lèvres. Je croyais qu'elle s'était mis un baiser sur la bouche. Un baiser carmin.

Elle protestait, juste pour dire, sous l'assaut répété de ses cinq filles. Elle nous demandait juste un petit deux minutes. Elle enlevait ses souliers à talons hauts. Trop hauts pour cette petite bonne femme qui passait entre douze et quinze heures debout à coiffer au château Frontenac et qui avait sauté son heure de lunch pour aller nous chercher des surprises. Et elle filait au petit coin en vitesse, se rappelant qu'elle n'avait pas eu une minute pour y aller.

Après le souper, où l'on avait raconté chacune notre tour, ou toutes en même temps, notre journée, nos grands malheurs et nos petites joies, on s'installait pour faire la vaisselle. Elle, elle s'enfermait dans sa chambre pour envelopper les présents, raccommoder un vêtement qui pressait pour celle qui sortait, ou juste fermer les yeux deux minutes.

Ce qu'on a pu rigoler dans ces moments-là. Il faut dire que, pendant la période des fêtes, faire la vaisselle était une grande joie pour nous. L'une lavait (en général, c'était moi), deux autres essuyaient et une autre rangeait. La cinquième se chargeait de l'activité la plus folle qu'on faisait pendant cette période. Assise sur un tabouret, elle feuilletait l'annuaire téléphonique à la recherche d'un numéro de téléphone. Elle composait. Et si la personne était chez elle, que ça lui plaise ou non, nous lui donnions un concert de chants de Noël, tout en faisant la vaisselle. Ça durait des heures, il me semble. La pauvre personne ne pouvait raccrocher. C'était l'époque où la ligne ne se fermait que si les deux interlocuteurs reposaient le combiné sur son support.

Les temps ont bien changé. Les cinq filles de Mado aussi. On ne fait plus la vaisselle en chantant, mais on n'a pas oublié. J'en profite d'ailleurs, en cette fin d'année, pour m'excuser auprès de toutes les personnes de la région de Québec que nous aurions pu incommoder avec notre chorale improvisée. Mais celles qui s'ennuieraient de ce concert de joies n'ont qu'à laisser leur numéro de téléphone au *Soleil* ou à Libre Expression. Qui sait ? Peut-être que mes sœurs et moi reprendrons du service durant la période des fêtes.

Après cela, pendant que les filles se « mettaient belles » et s'enfermaient dans la salle de bain pour « sentir bonnes », maman décidait qu'il était plus que temps de faire les choux à la crème fouettée. Pauvre petite maman! C'était la même chose chaque année, et chaque année elle les ratait. Elle était pourtant bonne cuisinière, mais ça... Je ne sais pas comment elle faisait son compte. Ils étaient soit plats comme une galette, soit minuscules et tout mous, ou encore complètement carbonisés. Une année, trop préoccupée, elle les avait oubliés dans le four; une autre fois, elle avait omis de mettre les œufs dans la préparation, ou encore les avait fouettés à la sauvette parce que le temps manquait. On mangeait les choux quand même. Ils n'étaient pas mauvais, ils faisaient pitié, c'est tout. J'admirais son obstination. Je ne me rappelle plus si elle avait essayé d'autres recettes. C'était celle-là qu'elle tenait à suivre, elle ne voulait pas de notre aide, et elle allait réussir ses choux.

Depuis cette période, avant chaque réveillon de Noël ou de fin d'année, je m'installe dans la cuisine et je fais des choux en écoutant de la musique des fêtes. Et chaque fois, je pense à elle. Et chaque fois, j'ai peur de les rater. Heureusement pour moi, Daniel Pinard vient à mon secours avec sa recette. Son secret? Il fait sa pâte à choux à la casserole. Je le suis à la lettre et ça fonctionne. La maison embaume déjà. Je vais les laisser reposer, ce soir, ces petits choux dorés et dodus et demain je vais les fourrer avec de la glace à la vanille. Puis je vais les empiler en une jolie montagne, une belle pièce montée. Je vais ensuite les napper de sauce au chocolat noir, aromatisée au cognac. Une merveille, ces profiteroles!

Ce soir, j'aimerais que cette petite bonne femme, ma mère, vienne s'asseoir avec moi, qu'elle m'appelle « Franchon » et qu'on déguste ces petits choux en riant bien fort.

***

Le temps que j'écrive ces lignes et mes jolis petits choux, toujours aussi dorés, se sont complètement dégonflés. Je les ai goûtés. Ils sont délicieux, mais ils ont l'air fous. Comme quoi il ne faut pas laisser longtemps ses petits choux. Ça pourrait être notre résolution pour la nouvelle année. Aimer très fort nos petits choux. Les tout petits, les adolescents et les grands. Ils ont besoin de toute notre attention et de tous nos soins pour ne pas manquer de courage.

Le bonheur, c'est si fragile.

C'est comme une île flottante, un gâteau des anges… ou des profiteroles.

J'ai toujours voulu être roi.

Un petit roi dans une boule de verre

J'ai toujours voulu être roi. Pas le roi du monde assis sur son trône. Ça ne mène pas bien loin. Après tout, comme disait l'autre : « Même un roi n'est assis que sur son cul. » Non, ce qui m'aurait plu, c'est d'être un roi assis sur un chameau. Un roi mage, un peu magicien, venant dont on ne sait où, habillé de soieries, de taffetas et de perles. Un roi mystérieux, portant un nom étrange comme Balthazar, Gaspard ou Melchior, et transportant des présents mirifiques aux odeurs d'encens et de myrrhe. Un roi mage qui voyage. Je songe à cette longue traversée du désert, à travers les dunes qui changent de couleur au gré de l'inclinaison de la Terre et des rayons du soleil. Aux repos alanguis dans des oasis rafraîchissantes.

Je sais ce que veut dire voyager dans le désert. J'ai eu la chance de me trouver dans celui d'Algérie, il y a de cela des lunes. Je n'ai pas oublié ce sable à l'infini, l'impression de toucher aux étoiles à la nuit tombée. Et le silence qui enveloppe toute chose. Je me souviens, les derniers jours de ce périple, alors qu'on s'apprêtait à passer la frontière vers la Tunisie, d'avoir mis dans une petite bouteille le sable rose et d'avoir changé le contenu tout au long de la journée. Il me semblait plus rose, plus blond, plus fin à mesure qu'on quittait le désert. C'était seulement la lumière qui jouait avec les grains de sable. Je possède encore cette petite fiole. Son sable ne ressemble à aucun autre. Il est unique. J'imagine les trois Rois mages sur leur chameau, avec un ciel étoilé comme toile de fond, emprisonnés dans une bulle de verre qu'on peut secouer quand bon nous semble. On a remplacé les flocons de neige par des grains de sable rosés.

Donc, devenir un roi, assis sur un chameau, guidé dans la nuit noire par une petite étoile qui brille plus fort que les milliers d'autres. Me sentir seule au monde et ne pas avoir peur. Respirer avec le silence. Transporter des trésors en me rendant vers un petit enfant qui attend mes cadeaux. Quelle belle façon d'être roi ! Quelle belle aventure !

Je secoue la boule de verre et, à travers la tempête de sable que je provoque, je me souviens d'une fête où j'ai failli être couronnée.

Lorsque nous étions enfants, maman confectionnait un gâteau blanc et y plaçait, en cachette, une fève. Il n'y avait que des reines à couronner chez nous. « Loulou, ma sœur Loulou, ne vois-tu rien venir ? Aucun roi à l'horizon, ni autour de la table ? » Les rois ou les charmants princes n'étaient encore que dans nos rêves. Un certain hiver, j'ai débarqué à Paris chez des gens que je ne connaissais pas, apportant dans mes bagages du sirop d'érable de la part d'amis. Les gens habitaient Montreuil, et la famille s'appelait Nion. Michel et Renée. Ils étaient horlogers-bijoutiers. Il y avait également un garçon et une fille, et une mémé charmante et délicieuse avec qui, plus tard, j'apprendrais la cuisine et la gourmandise. Ils m'ont reçue chaleureusement avec une galette des rois puisqu'on était un 6 janvier. Ma première galette à la pâte d'amande si douce pour la langue, si feuilletée et dorée. (Je vous parle d'un temps que les moins de vingt ans ne peuvent pas connaître !) Tout le monde a sa part et, entre deux bouchées, on veut tout savoir sur la petite Canadienne venue du froid. Il ne reste que des miettes dans nos assiettes et personne n'a été proclamé roi ou reine. Grande déception. Une galette des rois sans couronne à poser sur une tête ! La dame de la maison est outrée : « Elle va m'entendre, la boulangère, demain ! Pas de jésus dans la galette, ça ne se fait pas ! Je vais lui dire deux mots, à celle-là. » Je ne comprends rien à cette histoire de jésus. On m'explique. On met une petite figurine représentant Jésus dans la pâte. Je comprends que c'est ce qui tient lieu de fève en France.

Et je comprends également que ce que j'ai senti sous mes dents et que j'ai pris pour un morceau de pâte d'amande durcie n'était autre que le jésus de la galette. J'étais tellement embarrassée que je n'ai rien dit à personne. J'espère seulement que la boulangère est toujours en vie.

Dans mon âme et dedans ma tête
(et dans mon estomac, devrais-je dire)
Il y avait autrefois
Un petit roi
Puis vint un vent de débauche...

Je secoue à nouveau les rois dans leur boule et, lorsque le sable retombe doucement, je reconnais un enfant. Un petit roi. Pour l'instant, il s'appelle Jean-Baptiste. Il deviendra Molière. Il fait partie d'un grand film du même nom, écrit et mis en images par Ariane Mnouchkine. Un chef-d'œuvre de beauté et de tendresse. En plus d'une magnifique page d'histoire qu'il faut voir et revoir, il y a la vie qui transpire, la mort qui guette et le rire par-dessus tout ça, et bien sûr le théâtre dans ce qu'il a de plus fantastique. Et dès les premières images, une magnifique séquence de fête des Rois où l'on s'installe autour de la galette et où le petit Jean-Baptise se voit choisi par sa fidèle nounou et couronné roi. Non pas comme un enfant roi gâté pourri, mais comme un petit roi heureux de l'amour des siens.

En cette fête de l'Épiphanie, j'aimerais être ce roi qui rend heureux un enfant (grand ou petit) et que l'or, l'encens et la myrrhe du temps passé deviennent l'amour, la connaissance et la sécurité. Tout ce qu'un enfant devrait posséder pour suivre son étoile qui le guidera dans les « sables émouvants » de la vie.

C'est arrivé
juste avant Noël.

Mon marchand de bonheur

C'est arrivé juste avant Noël. Je n'ai pas voulu vous en parler tout de suite. D'abord j'ai laissé passer du temps pour m'habituer à son absence. Pour me souvenir de tout. Quand on a aimé quelqu'un très fort, c'est peut-être bien de laisser passer du temps pour ne rien oublier. Laissez-moi vous raconter cette histoire d'amour. Aussi bien vous l'avouer tout de suite, j'ai été follement amoureuse de cet homme qui me faisait les yeux rieurs et la bouche tendre. J'avais treize, quatorze ans la première fois que je l'ai vu et j'ai tout de suite succombé à son charme. C'était une période difficile pour moi, et disons que je me cherchais. Je traînais ma jeune vie comme un poids trop lourd, la tête bourrée de doutes et le cœur gros. Je nageais en plein désespoir, en plein spleen. Je lisais les poètes maudits, je me prenais pour une beatnik et je m'habillais de noir de la tête aux pieds et de l'âme au cœur. Je m'essayais à quelques poésies tragiques. Au grand dam de la maisonnée, le matin, je me réveillais aux paroles des chansons de Léo Ferré. De grands poèmes. Mais pas vraiment hop la vie! pour mettre en joie une fille de mon âge. Je l'écoutais et je le croyais : « Ah! petite! Je t'apprendrai à tant mourir, à t'en aller tout doucement comme le jour qui va mourant. » « Avec le temps tout s'en va/ Le cœur quand ça bat plus/c'est pas la peine d'aller chercher plus loin. » Alors, je me sentais encore plus… « flouée par les années perdues ».

Pendant que je me noyais de solitude le cœur déchiré… l'autre est arrivé. Une bombe. Cent mille watts. Un fou chantant. Un Fanfan la Tulipe. Un homme rieur, fougueux, dynamique. Grand poète tendre qui me disait d'une voix ensoleillée des mots doux. Il m'appelait « Nathalie » même si ce n'est pas mon nom. Il me demandait : « Qui a volé, a volé, a volé l'orange du marchand? » Même si je ne le savais pas. Il me répétait que « l'important, c'est la rose ». Il m'appelait parfois « le petit oiseau de toutes les couleurs ». Il m'invitait « le dimanche à Orly » et je m'envolais avec lui. Quand je retombais dans ma phase existentielle, il me disait simplement : « Viens » et j'y allais en courant. En riant, il se moquait de moi : « ... âge tendre et tête de bois ». Et j'adorais ça. Il me parlait du « Pierrot qui danse et qui fait des bonds » et aussi des « jolies vacances quand les tantes Jeanne venaient » voir son tonton. Il me montrait « ses mains » et je les caressais en silence en espérant qu'il me redise : « Je t'appartiens. » Parfois il se sentait comme en prison; dans ces moments-là, il m'appelait « Marie, Marie » et me demandait « d'écrire plus souvent au 14200 ». Il s'intéressait à moi, voulait tout savoir. « Alors raconte/ Ce qui est arrivé/Comment ça c'est passé. » Il devenait plus intime avec moi et se confiait. « Qu'elle est lourde à porter, l'absence de l'ami. » Alors, je rêvais de m'asseoir sur le même banc de piano que lui et de tourner amoureusement ses feuilles de musique. Il était plus vieux que moi, mais je m'en foutais. J'adorais ses petites rides autour des yeux. Pour moi, ce n'étaient pas des marques du temps, mais les preuves vivantes d'un homme qui rit, qui bondit sur scène, qui s'amuse. Il était toujours bien habillé. Son complet bleu lui allait à ravir et sa cravate à pois, je rêvais en secret de la lui arracher. Même s'il me mettait en garde : « Il y a toujours un côté du mur à l'ombre/Mais jamais nous n'y dormirons ensemble. » Je savais bien que je n'étais pas la seule dans sa vie. Il y avait Coquatrix, Monsieur Pointu, sa femme. Et Édith Piaf, sa protectrice, et Brigitte Bardot, sa maîtresse, et des millions de filles aussi.

Mais avec lui, j'étais unique et les garçons de mon âge n'avaient aucune chance. Les pauvres ! À côté de Gilbert, ils ne faisaient pas le poids avec leurs compliments douteux : « Ça fait-tu mal quand ça pousse ? » Ou bien : « Qu'est-ce que tu manges pour être belle de même ? » Lui, il savait me rassurer, me chanter la vie, doucement. Il me parlait du « jour où la pluie viendra ». Il me disait que « c'est en septembre » et montrait mes « melons de Cavaillon » et il me promettait : « Je reviens te chercher tremblant comme un jeune marié. »

À une certaine période – ce n'est pas une blague et je l'avoue sans honte –, vous savez ces périodes où l'on se sent « comme l'argile, l'insecte fragile », j'imaginais que j'étais gravement malade. J'avais la leucémie ou un cancer, quelque chose de grave en tout cas. Et je rêvais que mes parents, qui n'avaient pas un sou – pour ça, du moins –, le faisaient quand même venir à mon chevet pour qu'il me chante une dernière fois, avant que je ne m'éteigne, ma chanson préférée. C'est bien d'avoir treize ans, on peut se permettre ce genre de folie. Et il venait, et il chantait. « Je me recroquemitouffle/Au fond des pantoufles/Quand tu n'es pas là./Et je m'éfiléfiloche/Comme un fond de poche/Quand tu n'es pas là. »

Mais « il est mort, le poète ». « Et maintenant... que vais-je faire ? » Est-ce que tu sais que « la terre, sans toi, c'est petit » ? La main sur l'oreille, je vais continuer à t'écouter. Tu n'es pas mort, le poète... Tu m'as appris la joie et tu me laisses quatre cents chansons. Merci, BÉCAUD.

Je reviens te chercher
Je n'ai pas tellement changé
Et je vois que de ton côté
Tu as bien traversé le temps.

Une pensée triste
qui se danse…

Mes amis les Argentins

Ce soir, je pense à mes amis de là-bas. Mes amis de Buenos Aires. Ce soir, pour eux, j'ai « une pensée triste qui se danse », comme le décrit si bien Enrique Santos Discépolo, un grand poète et parolier, lorsqu'il parle du tango. J'ai une pensée pour mes amis de là-bas. Je sais qu'ils sont tristes. Déjà qu'ils ont eu la vie dure, pas simple du tout et souvent même pleine d'atrocités. Je pense aux grands-mères sur la place de la Casa Rosada. Debout, fières, réclamant jour après jour, année après année, leurs enfants ou leurs petits-enfants disparus. Ce soir, j'essaie de me rapprocher d'eux comme je l'ai fait, il y a quelques années, en allant là-bas. Ce soir, j'écoute Piazzolla qui me joue *Oblivion* sur son bandonéon. Je mets mes talons hauts et enfile ma jupe fendue sur le côté. Je fais résonner mes talons sur le plancher, le mollet arrogant, le pied souple, la tête haute, le cœur qui bat la mesure dans ma poitrine, et je vais les rejoindre. Plein de souvenirs me reviennent en mémoire, plein d'images passent devant mes yeux.

Je me revois dans le taxi que j'ai pris à l'aéroport et qui me conduit au centre-ville de Buenos Aires. C'est le jour de mon anniversaire. J'ai quarante ans. C'est le cadeau que je m'offre. Buenos Aires et le tango. Je sais deux mots d'espagnol : *por favor* et *gracias*. Ça devrait suffire, pour commencer. Dans ma valise, peu de choses : quelques références, celle d'un prof de théâtre qui a connu Maria Callas, celle d'une chorégraphe qui a travaillé au film *El Exilio*, de Gardel, et des textes à remettre à des traductrices de l'université. À part ça, quelques jupes fendues et des souliers à talons hauts, et un grand cahier pour tout noter. Je suis ici pour apprendre à danser le tango et terminer l'écriture d'une pièce qui s'appellera : *Les Sables émouvants, tango*.

La première fois que je me suis approchée du tango, c'est à cause de mon père. Un bon danseur. Quelquefois, il amenait ma mère pour une soirée dansante au château Frontenac. Ma mère était tellement belle dans sa robe « décapotable », comme j'appelais les robes bustiers, à l'époque. Elle portait des souliers vertigineusement hauts, se faisait une bouche rouge baiser, et il y avait cette odeur de poudre de riz qui flottait autour d'elle… Un soir, petite fille de sept ans, je ne veux pas aller dormir. Pas avant de voir mes parents partir. Mon père me fait monter, pieds nus, sur ses souliers vernis. En provenance de la vieille chaîne stéréo, il y a *La Cumparsita* qui nous enveloppe dans ses bras avec ses sons marqués et ses élans fougueux. J'entends encore la rayure sur le soixante-dix-huit tours. À partir de ce moment, je ne pourrai plus me passer de cette musique sensuelle et étrange.

*Mí Buenos Aíres querído**

Le taxi roule vite et croise les *colectivos* (autobus) qui foncent à un train d'enfer. Aux coins des rues, les arrêts se font au pif ou à l'amiable. Beaucoup de monde partout. J'ai l'impression d'être à Paris. Les immeubles, les rues, les places, tout m'y fait penser, mais en plus délabré. L'argent se fait rare dans cette ville qui a connu ses jours de gloire. Les gens que je rencontrerai occupent tous deux ou trois emplois, pour arriver. Et ils n'arrivent pas.

Ils sont tous gentils et ils parlent beaucoup. Ils discutent, en fait. De tout. De la vie économique,

* Mon Buenos Aires chéri.

de politique, de poésie, de musique, d'art, de la vie tout court. Les cafés sont en permanence bondés, envahis par ces gens qui semblent toujours avoir quelque chose à se dire. Ils se regardent, discutent avec les yeux et les mains. Leurs enfants les accompagnent souvent. Les hommes caressent les petites têtes tendrement. À 18 h, ils prennent un petit apéro et des bouchées salées ou sucrées. De quoi tenir jusqu'à 22 h, heure à laquelle ils prennent le repas du soir. De la viande, bien sûr. Et ils discutent encore. Ils parlent d'« avant ». Ils ont la nostalgie au bord des yeux et des mots. Des intellectuels qui refont le monde jusqu'aux petites heures du matin et qui mangent des grillades servies avec des pommes de terre « soufflées » (rondelles de pommes de terre cuites deux fois dans l'huile pour les faire gonfler). La rue, où l'on trouve librairies et magasins de disques ouverts le soir, reste animée très tard. Dans cette ville, on consomme autant de culture que de *vaca* (vache).

Lorsqu'on se promène dans les rues, on entend à tout bout de champ des *piropos*, ces compliments adressés aux femmes. Difficile de ne pas se sentir féminine avec ces regards posés sur soi, et ces louanges qui font du bien à l'ego. J'ai été un jour témoin d'une scène qui m'a fait dire que j'aurais envie de vieillir dans un pays où les hommes complimentent les femmes quel que soit leur âge. Un homme se répandait avec enthousiasme sur les jambes d'enfer d'une belle fille. Elle ne répond pas et s'en va, faisant claquer plus fort ses talons sur le trottoir. Le rire dans la gorge et la jambe encore plus insolente. L'instant d'après, l'homme se retourne et voit une petite mémé qui marche péniblement tout en portant son cabas d'où dépassent poireaux et carottes. « Hum ! dit-il. Toi, tu as dû en faire tomber, des hommes, avec ces yeux malicieux. » Pas dupe, la petite vieille accueille cet éloge avec le sourire. Elle reprend sa route et je remarque que sa démarche est plus souple, plus dansante et que son panier est léger comme son cœur.

Mes copines argentines, qui sont déjà venues au Québec, se sont inquiétées du fait que les hommes ne les regardaient pas et ne leur adressaient aucun commentaire, même de l'œil ou du sourire. « Quoi ! Je suis mal habillée ? Mes cheveux sont mal coiffés ? Qu'est-ce que j'ai qui ne va pas ? » Je les rassurais. « Rien, ma chérie. Tu n'as rien qui cloche. Tu es mignonne comme tout, mais, au Québec, les hommes ne font pas de compliments. » « Quoi !!! Mais c'est la mort. »

Je vous fais part du plus joli *piropo* que j'aie entendu. Il est tellement délicieux et, même si ce qui est affirmé n'est pas vrai, il rend joyeux pour le reste de la journée. « Mademoiselle, ça fait deux coins de rues que je vous aime. » Assez bien tourné, non ! Et il y en a des centaines comme ça. Pour en entendre, il n'y a qu'à se promener dans les rues Florida ou Corrientes.

Au cours des jours qui ont suivi mon arrivée, entre les séances de tango, j'ai parcouru Buenos Aires, ses rues et ses *barrios* (quartiers), en souliers à talons plats pour reposer mes orteils couverts d'ampoules. Mon cœur, lui, était couvert de bonheur.

J'écoute, comme
il me dit de le faire.

Sur un air de tango

« *Basta !* » Il a levé les bras avec dédain. « Tu ne veux pas danser avec moi ! » Et avant même que j'aie eu le temps de protester, il s'est éloigné de moi et est allé s'asseoir. Je suis restée plantée là, au milieu de la piste, ne sachant que faire. Il m'a toisée, bien installé sur sa chaise, avec la détermination de quelqu'un qui ne cédera pas. Bon ! Je fais quoi, moi ? Je suis ici pour apprendre à danser et le partenaire que la prof m'a assigné – son mari, en l'occurrence – me repousse à coup de *Basta !* (ça suffit !) Mais je reste debout, un peu chancelante sur mes talons hauts – après tout, les autres danseurs m'observent –, à attendre je ne sais quoi. Je ne bougerai pas. Je sens que j'ai quelque chose de primordial à comprendre. La petite Québécoise habituée à diriger la danse se fait toute petite et attend. Ce n'est pas complètement ma faute ; chez nous, ce sont souvent les filles qui apprennent aux gars à danser. J'ai le bras « guidant », mettons.

Au bout de minutes interminables, mon partenaire revient vers moi. Bonjour ! la leçon d'humilité ! Il s'approche très près, ne dit rien, mais place une main gauche dans l'espace. La musique démarre. Pas lui. Il attend ma main, que je place dans la sienne. Il approuve d'un signe de tête. Puis il encercle ma taille de son bras. Il désigne son épaule d'un geste léger du menton. J'y dépose mon bras et ma main encercle son cou. On ne bouge toujours pas. Il s'approche un peu plus et me chuchote, en appuyant sa joue contre la mienne : « *Escucha.* »

J'écoute, comme il me dit de le faire. Et tout à coup je sens la pulsation dans nos mains jointes. Elle bat au rythme de la musique. Le tango passe à travers nos corps ! On n'a qu'à le suivre. Mon partenaire m'a fait tanguer doucement, sur place, pendant plusieurs mesures. Après cela, j'ai pu le suivre comme si j'avais toujours dansé avec lui.

Plus tard, lorsque je maîtriserai davantage les *figuras* (figures), je comprendrai que le tango est un jeu qui se joue à deux. L'homme – en indiquant un pas – dit quoi faire et la femme dit... quand elle est prête à le faire ! D'où les jeux de pieds, les coups de fouet du mollet contre celui du partenaire, les enchaînements de *ocho* (figure en huit), les glissades de pied sur la jambe de l'autre.

Je suis venue apprendre à danser, et par la même occasion visiter la ville, fouler les fameux trottoirs de Buenos Aires tant vantés. Une idée de ma prof de danse qui enseigne dans des quartiers différents chaque jour ou chaque soir de la semaine. J'avance péniblement, les orteils couverts d'ampoules, tout en faisant marcher mes yeux à l'aller et au retour des classes. Un jour je me rends au *barrio* San Thelmo, le jour suivant, à Palermo, puis à La Boca. J'ai laissé mes pieds et mes yeux me guider du côté de Belgrano, et aussi à La Chacarita, le cimetière de marbres blancs – une ville en soi – où repose, entre autres, Carlos Gardel. Sur sa tombe fleurie en permanence, on peut lire : « Il chante mieux chaque jour. »

Ce soir, loin d'eux, je pense à mes amis de Buenos Aires et je les vois qui empruntent les trottoirs des rêves brisés dans une Argentine sans-le-sou.

Je pense à mes amis qui m'ont guidée, charmée, fait danser. Les fins de semaine, j'allais dans des petits bals ou des thés dansants pour m'exercer, répéter ce que j'avais appris durant la semaine. Oh ! les jolis endroits ! Désuets, kitch et un tantinet rococo.

Pantoufles au vestiaire

Ma première expérience a été marquante. Le taxi qui m'emmène dans un quartier que je ne connais pas. Des rues sombres, pas un chat dehors. Une adresse sur un bout de papier. Le taxi me dépose devant une grande porte qui n'annonce rien de spécial, mais rien de bon non plus. Une femme, pantoufles aux pieds, entre dans l'édifice, un sac de plastique à la main. Je la suis, hésitante. Elle se rend à une sorte de vestiaire, paie et enlève ses pantoufles pour aussitôt les remplacer par des talons aiguilles de hauteur vertigineuse. Elle confie ses pantoufles au vestiaire.

J'entre à sa suite dans la salle où des femmes bien mises sont assises aux tables et où des hommes aux cheveux gominés, debout le long des murs, observent celles qui dansent. Ils regardent les femmes danser avant de les inviter.

Mon dos se souvient encore de la gigantesque main d'Oscar qui dansait à la manière des Canyuegue (tango canaille). Il m'entraînait et me soulevait presque de terre. Et quand il ne savait pas comment me guider dans les pas, il en murmurait le nom à mon oreille. *Gancho, bolleo, salida*. Jolie façon d'apprendre la langue... et les pas.

Beauté et tendresse

Mes yeux, quant à eux, n'oublieront jamais un couple observé dans un *salón*. Lui, maigrelet, louchant d'un œil, et qui se fait refuser par de nombreuses femmes. Moi la première, je baisse la tête en feignant de ne pas l'avoir vu. Et elle, dans sa petite robe de coton, elle dont la bretelle de soutien-gorge pendouille sur son bras sans qu'elle y prenne garde. De toute évidence, ils ne se connaissent pas.

Ils se rendent sur la piste. Certains détournent les yeux, gênés pour eux, pour ce qui va arriver. Ils restent d'abord face à face à se respirer, à se deviner durant une intro qui s'étire langoureusement. Puis, la magie opère. Il la berce, l'éloigne, la rapproche de lui et elle répond à son langage avec une habileté déconcertante. Ils dansent de la plus belle et touchante façon qui soit. Je les ai regardés longtemps, les larmes aux yeux devant tant de beauté et de tendresse.

Rendez-vous entre un homme et une femme
Entre la peau et l'âme
Un duel à main nue
Éperdu.

Il est temps de rentrer. Comme la dame aux pantoufles, je range dans mon sac de plastique la poésie, les souliers à talons hauts, les frissons égarés, la musique du bandonéon, parfumée. J'y dépose également le feu sous les paupières, les vagues au creux des reins. Et le sentiment d'avoir réussi à former avec un partenaire un couple passionné durant quatre minutes et trente-neuf secondes. Le temps d'un tango.

Vendredi soir de printemps en plein hiver.
Le temps est doux, très doux, à peine
une sensation de fraîcheur sur les joues,
et je marche vers le plaisir.

Plaisirs au cube

Vendredi soir de printemps en plein hiver. Le temps est doux, très doux, à peine une sensation de fraîcheur sur les joues, et je marche vers le plaisir. Des amis m'ont donné rendez-vous au *Cube*, restaurant branché se trouvant dans le fabuleux hôtel Saint-Paul, dans le Vieux-Montréal. Une soirée toute spéciale. Vous savez, ces moments un peu magiques où tout converge vers un plaisir annoncé. D'abord le rendez-vous. Il y a quelques mois déjà que je me meurs d'aller à cet endroit, situé dans mon quartier. Je passe régulièrement devant cet immeuble imposant, ancien édifice de la Canadian Express, datant de 1900. La réfection a duré plus d'une année, mais avec un résultat exceptionnel d'élégance et de goût. J'ai quand même mis mon nez à l'intérieur, histoire de sentir l'atmosphère (en fait, ce serait mal me connaître que de croire que je n'ai fait que passer). Et laissez-moi vous dire que tout ça sent bien bon. Ce qu'on y trouve une fois la porte imposante passée? Un vestibule tout de verre, un hall d'entrée moderne, heureux mélange de pierre et de bois. À gauche, près de la réception, une particularité : un gigantesque foyer d'albâtre qui s'allonge vers le plafond. Au centre, une fenêtre rectangulaire où se trouvent distribuées des flammes de gaz propane qui alimentent la cheminée et qui illuminent cette sculpture de calcaire translucide. Quelques fauteuils moelleux en font un endroit où il fait bon flâner. Beaucoup de photos de mode ont été prises ici, un lieu fort prisé par les médias.

À droite se trouve le restaurant, le *Cube*. Ce resto – qui n'est pas un restaurant d'hôtel, précise son chef

Claude Pelletier – bénéficie déjà d'une kyrielle d'éloges. C'est, il faut le dire, le *nec plus ultra*, à Montréal. Des lignes pures, des teintes douces, pas de fioritures inutiles. Tout n'est que luxe, calme et volupté. La salle à manger est spacieuse, aérée. Les chaises sont hyper confortables ; on peut donc rester assis plusieurs heures à profiter de nos amis et de la bonne chère. Les tables sont de bois foncé, ou blanches avec un centre composé d'un tapis de petits carrés de bois entrelacés, un assemblage qu'une lumière douce éclaire de l'intérieur. C'est le travail d'un jeune ébéniste, Ross Munro, à qui l'on doit également le bois d'œuvre d'une boulangerie, *Olive et Gourmando*, située à deux pas. Qui l'eût cru ?

Les amis avec qui j'ai partagé cette soirée divine, en tout cas. Ils sont jeunes, ils sont fous. Ils s'appellent Éric Girard et Dyan Solomon. Tous deux anciens boulangers et cuisiniers chez *Toqué*, ce sont eux qui ont ouvert, il y a trois ans, la boulangerie et qui porte le joli nom d'*Olive et Gourmando* – noms de leurs chats. Ils s'étaient promis de ne faire que du pain, du pain et du pain… Leur commerce est en passe de devenir le lieu le plus tendance à Montréal. On y trouve, en plus de leur savoureuse boulange – pains grillés aux olives, au romarin, aux pruneaux et noisettes, au chocolat Valrhona, et j'en passe, même les *biscotti* sont maison –, des soupes savoureuses et les meilleurs sandwichs à Montréal. Il n'y a pas que moi qui le dis. Il faut se lever tôt, commander à l'avance ou faire patiemment la file pour avoir droit au bonheur, à midi. Dans ce lieu, on trouve également des produits italiens (huiles, chocolats, confitures, pâtes) ainsi que de forts bons fromages et des salades maison. Endroit idéal pour prendre un petit-déjeuner la semaine ou le week-end, ou alors pour flâner en dégustant un café de marque Illy. Marque italienne, bien sûr, et ô ! combien savoureuse !

Mais Éric et Dyan n'en sont pas restés là. Avec trois autres associés, Giovanni Bernardi, Hubert Marsolais et le chef lui-même, Claude Pelletier, ils ont ouvert, l'été dernier, le *Cube* et, en prime, le *Bar Cru*, qui se trouve au premier étage de l'hôtel Saint-Paul et où l'on peut boire en belle et bonne compagnie, mais aussi manger, comme le nom l'indique, du cru. Amateurs d'huîtres, de tartares (de viande ou de poisson), de carpaccio, de sashimis et autres mets froids ou tièdes, bienvenue!

Éric et Dyan me plaisent. Ils sont jeunes – moyenne d'âge : début trentaine – et beaux. Dyan est toute menue, avec un visage de porcelaine, de grands yeux bleu de mer, une petite tête joliment rousse. Lui, il fait plus *whizz-kid*, avec ses yeux allumés derrière ses petites lunettes et son sourire à l'avenant, que boulanger et propriétaire de deux commerces. Pourquoi je les apprécie tant? Ils n'ont pas peur d'avoir peur, ils foncent et savent ce qu'ils veulent. Ils travaillent jour et nuit, inventent, innovent et n'ont pas la grosse tête. Ils prennent même le temps d'être gentils et de s'occuper de vous. Ils sont à part ou perle rare dans cette génération qui a souvent des opinions revenues de tout, sur tous les sujets, et qui calcule le temps donné à une passion versus le salaire reçu.

Mon souper au *Cube* était à s'en lécher les babines! Je ne vous laisserai pas sans vous faire saliver un peu. Tout était bon. D'abord les amuse-bouche, servis dans des cuillères en appui sur un petit support de bois – œuvre de Ross. Belle présentation, et la bouche s'amuse vraiment au jeu de devinettes des saveurs à découvrir. Pour l'entrée, j'ai jeté mon dévolu sur le poisson et il me l'a rendu au cube. Il était présenté dans trois petites assiettes blanches et de forme carrée, sur un plateau tout de long en bois, le « thon trois temps ». Trois façons – tartare, tataki et poché au saké – de présenter cette valse à trois thons. On m'a conseillé de déguster la partition de gauche à droite pour suivre une évolution de saveur de *pianissimo* à *fortissimo*. Du plus doux au plus piquant. Bravo ! maestro Pelletier. Pour leur part, mes deux amis ont dégusté un renversé de chèvre, tomate confite, poivrons rôtis, et une tarte aux champignons, vieux cheddar, roquette et huile de truffe. En plat principal, le saumon confit avec fenouil, pomme fruit et pollen de fenouil m'a réjouie au plus haut point. C'est tiède, ça fond dans la bouche et c'est divin. Que demander de plus ? Il y a également, au menu du soir, râble de lapin, homard et ris de veau dans la même assiette, jarret d'agneau braisé, magret de canard laqué ou bar rayé. Ce n'est pas le choix qui manque. Et les desserts ? Dieu du ciel ! Le bonheur au cube.

COORDONNÉES :
Cube (restaurant) et *Bar Cru*
355, rue McGill
Vieux-Montréal

Olive et Gourmando
351, rue Saint-Paul Ouest
Vieux-Montréal

J'ai eu droit un jour à une belle trouvaille d'un homme.

Pour toi, mon amour

Je me revois, sur le palier du sixième étage, à Marseille. Les joues en feu, le cœur battant en espérant que la surprise préparée pour mon amant de l'époque (avec la complicité d'une amie) marcherait. J'avais décidé de sauter dans un avion, en plein mois de juillet, billet pris à la dernière minute et qui coûtait la peau des fesses – pour ce que je m'en allais faire, c'était à propos. Je me revois devant la porte, ma valise à mes pieds, fripée par plusieurs heures de vol et d'attente (Montréal-Paris-Marseille). Je viens de nouer dans mon cou une énorme boucle rouge à laquelle pend un petit carton qui dit : « Voici ton cadeau. Bonne fête, mon amour. Marchandise épuisée, manipuler avec soin. » Un peu prétentieux dans le choix du cadeau, me direz-vous ! Mais quand on n'est pas trop fortuné, on prend les moyens du bord. La porte s'est ouverte et, devant l'empressement de mon amoureux, j'ai dû le supplier de me laisser prendre une douche et de m'accorder au moins une heure de sommeil avant qu'il puisse développer son cadeau. Ce qu'il fit pendant les dix jours qui ont suivi. On n'était pas loin de l'abonnement-cadeau !

J'ai eu droit un jour à une belle trouvaille d'un homme qui voulait obtenir mes faveurs. Dans un restaurant, alors que je refusais un café en fin de repas, affirmant que je ne dormirais pas de la nuit, l'homme en question avait commandé au serveur, avec autorité, « un double espresso pour mademoiselle ». Inutile de vous dire que j'avais pris le café et l'homme. C'était demandé de si jolie façon.

Pour la Saint-Valentin toute proche, je me suis transformée en Cupidon. Non pas armée de flèches (quoique ça pourrait me servir), mais plutôt munie d'une grande oreille pour faire parler mes amis. Qu'ont-ils fait de plus audacieux, de plus osé, de plus flyé pour séduire la personne aimée?

En général et en particulier, on s'attend à ce que de telles faveurs nous viennent de nos amoureux. Et si les filles se transformaient, elles aussi, en Indiana Jones de la cascade amoureuse? En Baudelaire de la rime charmante? En Casanova du geste enflammé? En Marcel Béliveau de la surprise incroyable et infaillible?

Oublions les habituelles boîtes de chocolats, les sempiternels soupers aux chandelles et les traditionnelles roses rouges par groupe de six ou de douze. Un peu d'imagination, que diable! Voici quelques suggestions que vous pourriez adopter et adapter à votre couple et à vos moyens.

Mon ami Gaston a plusieurs gestes à son actif, comme attendre sa blonde en tuxedo avec trois douzaines de roses, appuyé contre une colonne, même si l'avion de sa dulcinée a trois heures de retard. Pour l'anniversaire de sa belle, avec l'aide de complices (même la police a été mise à contribution), il a fait dérouler une banderole de 10 mètres sur le tablier d'un pont, sur laquelle il était écrit, rouge sur blanc : « Bonne fête Loulou. » (Maintenant une telle initiative n'est plus permise.) Lorsqu'il doit s'absenter quelque temps, il cache un peu partout dans la maison (dans une casserole, sous l'oreiller, dans le bain, un tiroir, le réfrigérateur, un agenda) des petits billets pour l'émouvoir ou la faire rire pendant son absence. Et ça marche à tous coups.

Mes copines ne sont pas en reste. Il y a celle qui a offert à l'homme de sa vie une taie d'oreiller au message affriolant : « Dépêchons-nous de succomber à la tentation, avant qu'elle ne s'éloigne... » À une autre occasion, se voulant coquine, elle lui a envoyé un bas de nylon à son bureau, en lui suggérant de venir chercher l'autre.

Je connais un homme qui a offert la jouissance d'une montagne à sa belle. Un autre qui a redemandé sa blonde en mariage sur la place Saint-Marc à Venise. Un autre encore qui envoie un bouquet tous les 14 du mois. Pas mal!

Si on n'a pas ce genre de moyens et qu'on veut faire perdre ceux de l'autre, voici un joli truc : rédiger un chèque au nom de son aimé (ou aimée), au montant de 10 000... non pas dollars, mais de 10 000 baisers langoureux. Si vous vous sentez « en moyens », vous pouvez même grossir la somme. Ajoutez la mention que ces délices sont « à encaisser au besoin ». Et comme l'on sait qu'un chèque n'est plus valable après six mois, vous avez une demi-année pour vous lécher les babines.

Le coup de la robe de chambre réchauffée dans la sécheuse, ça vous rappelle quelque chose? Ça marche à tous coups. On m'en parle encore, quoique j'aie peut-être été la seule femme du Québec à ne pas en profiter. Pensez-vous qu'il y avait une sécheuse sur le plateau de tournage de *Scoop*? Et s'il y en avait eu une, avez-vous pensé au bruit et au temps que ça aurait pris!... Mais il y a un brave qui s'est essayé. Comme on était au Mexique, il s'est essayé avec le séchoir à cheveux. Il a fait sauter les plombs et je me suis contentée d'une robe de chambre tiède. C'est mieux que rien.

Alors, pour que votre partenaire ne trouve pas vos élans fadasses, forcez-vous un peu les méninges. Vous êtes sûrement la personne la mieux placée pour savoir ce que l'amour de votre vie désire par-dessus tout. Et si vous voulez vous contenter d'offrir du chocolat ou des fleurs, faites-le de façon originale.

Il faut juste se rappeler que le chocolat, c'est collant et que les roses, c'est piquant.

À toi pour... le moment, mon amour

Plusieurs d'entre vous diront : mais, je suis célibataire! Qu'à cela ne tienne. Pensez à tous ceux et celles qui seront déçus de ce qu'ils n'auront pas reçu. Ou reçu, justement. N'attendez rien. Gâtez-vous. Vous êtes, dans ce cas aussi, la personne la mieux placée pour savoir ce qui vous tente. Cadeaux, gâteries, soins, journée buissonnière. Abonnez-vous au plaisir. Sortez au grand jour et en grandes pompes. Pourquoi se punir ce soir-là? Offrez-vous du champagne et un bon souper. C'est un cadeau de soi à soi. « Avec tout mon amour, mon amour. » Et dites-vous que vous n'êtes pas les seuls, seuls. Il y a plus de 1 500 000 Québécoises libres, et encore plus d'hommes. Ceux-ci sont 1 700 000 et ils seront tous dans un bar ou au restaurant, ce soir-là. Il paraît que chacun trouve sa chacune. Pourquoi pas son Valentin?

Je contemple toutes les petites fioles
sur l'étagère qui contiennent
des trésors en poudre.

La route des épices

Je ne sais pas si c'est l'hiver qui arrive sur le tard avec sa froidure qui fige tout dans la glace ou alors les changements de température, qui nous font osciller entre printemps et hiver, qui me donnent envie d'exotisme. Dans ces moments-là, je m'enferme dans ma cuisine et je voyage grâce à mes livres de recettes. Je contemple toutes les petites fioles sur l'étagère qui contiennent des trésors en poudre et je rêve d'épicer ma nourriture et ma vie.

Je me rappelle, au secondaire, dans la classe de mère Marie de l'Incarnation, comment je me suis mise à adorer la géographie et rêver de voyager. D'abord les noms des pays et des villes étrangères me fascinaient. Tombouctou, Madagascar, Madras, Mandalay, Kuala Lumpur, Bagdad, Santiago, Essaouira, Zimbabwe, Antanarivo, Ouagadougou. Des noms empreints de gourmandise et de mystère et qui faisaient trotter mon imagination. Cette religieuse avait eu une idée géniale et pas très conventionnelle pour l'époque (je ne me rappelle plus si mes compagnes de classe appréciaient cette méthode d'enseignement particulière, mais moi, j'étais ravie). Au lieu de nous faire ânonner à la seule fin de retenir le nom des capitales, la population, les ressources naturelles, les échanges commerciaux des pays, elle nous faisait fabriquer des cartes géographiques gigantesques de chaque continent. En plus d'y inscrire le nom des pays, de leur capitale et des villes principales, ainsi que d'y tracer les cours d'eau, on devait y apposer des petits sachets de plastique dont le contenu représentait les ressources naturelles et industrielles des divers pays. Elle était d'un dynamisme à toute épreuve, cette femme. La mère Marie « Passe-Partout » de l'Incarnation.

J'ai donc commencé à fouiller les armoires de la cuisine à la recherche du riz si cher à la Chine, des feuilles de thé précieuses à l'Inde, des grains de poivre de la Jamaïque, des piments rouges de l'Amérique du Sud. Je me prenais pour Marco Polo, Vasco de Gama ou Christophe Colomb et je rapportais dans mon sac d'école transformé en vaisseau des trésors en grains et en poudre.

Pour remplir la commande adéquatement, j'ai dû renifler des petits pots, goûter des essences. Je ne suis pas près d'oublier la dégustation de la vanille en liquide qui sent si bon et goûte si mauvais, alors que la vanille en gousse offre tellement plus de plaisir pour l'œil et la langue. À partir de ce jour, en plus d'avoir envie de visiter les pays aux noms évocateurs, je me suis surprise à avoir envie d'aller me mettre au parfum de ces pays et d'y goûter. Chaque ville a sa saveur. Pour moi, Paris sent le caramel brûlé. Mélange de l'odeur de brioche en provenance des si nombreuses boulangeries et de celle de brûlé des freins de métro. Bali sent la citronnelle et le frangipanier. Buenos Aires, un mélange de viande grillée et de *media luna* (croissant, demi-lune).

Toujours est-il que tous ces petits pots aux noms délicieux et si envoûtants me font voyager. Que les épices s'appellent cannelle, anis étoilé, vanille de Bourbon, noix de muscade, gingembre, citronnelle, carvi, genièvre, paprika, cumin, cardamome, clou de girofle, harissa, la mémoire olfactive se met en marche et m'amène quelque part.

Je me souviens d'un village de Hongrie, San Andre, où l'on trouvait, pendus à la façade des boutiques, des piments ou des cerises formant des colliers de bâtonnets et de baies rouges. Mon souvenir le plus brûlant me vient du Maroc. J'étais à Goulimine, un tout petit village au sud de ce pays. J'avais pris l'habitude, au cours de ce périple, d'aller au marché. Pour la vie qui y grouillait, pour les odeurs et les saveurs. Pour ces montagnes d'épices qui s'offraient comme un tableau fabuleux pour l'œil et un parfum précieux pour la narine. On y vendait pêle-mêle : des tissus, de la laine, des tapis, des moutons, des chameaux. Mais surtout des épices. Une multitude de plateaux, monticules d'épices en grains ou en poudre, entouraient un jeune garçon enturbanné qui trônait tel un petit Ali Baba parmi des trésors fabuleux. Il offrait, en plus de ce feu d'artifice de couleurs – les ocres, terre de Sienne, les jaunes vifs, l'oranger, le rouge feu –, le Raz El Hanout (le meilleur!).

C'était l'époque où les Québécois se servaient encore de l'once et de la livre comme unités de mesure. Le gramme et le kilogramme étaient tout frais dans ma tête mais ne représentaient pas grand-chose à mes yeux et ne faisaient pas le poids dans la balance. J'avais déjà commandé deux grammes de champignons à Paris et étais repartie, ridicule, avec mon champignon dans un sachet.

Dans ce marché à ciel ouvert et particulièrement hétéroclite, j'ai voulu acheter des petits piments rouges pour assaisonner les tajines et les couscous. Ils étaient tellement petits qu'à mes yeux ils avaient l'air inoffensifs. J'ai donc commandé, d'une voix forte pour me donner une certaine contenance, deux kilos de piments. Devant l'air un peu ahuri du marchand, je me suis aussitôt reprise et j'ai demandé un kilo supplémentaire pour faire bonne figure. On m'a servi. Et tous les hommes présents ont rigolé à en pleurer en me voyant m'éloigner avec ma « cargaison » de piments. Quand je prends le petit pot de piments sur son étagère, je les entends encore rire à gorge déployée. Et je connais maintenant la puissance du pili-pili sur la langue. Dans ce cas-ci, la modération a bien meilleur goût.

Des images à goûter des yeux

Il y a des petits livres délicieux à savourer des yeux. Je pense à cette boîte à épices qui regorge d'images délicieuses et de recettes alléchantes. Je pense entre autres à un film qui m'a fait pleurer de bonheur et qui donne du goût à l'amour : *Agua y Chocolate*. Vous serez envoûté par cette comédie sensuelle joliment épicée. Véritable parallèle entre la table et le lit. Et puis il y a ce livre tout frais sorti : *Aphrodite*, d'Isabel Allende. Une autobiographie du désir, un guide des plaisirs de la bouche. À l'aube de la cinquantaine, l'auteure nous donne en contes et en recettes une réflexion suave sur sa relation à la nourriture et à l'érotisme. Un livre que j'aurais aimé tracer avec mes doigts trempés dans la poudre des épices pour faire voyager l'œil et la langue. Un livre à déguster à petites bouchées.

RÉFÉRENCES :

La boîte à épices, Blandine Vié, Libre Expression.

Les épices, Caroline Audibert, HMH.

Agua y Chocolate, film d'Alfonso Arau d'après le roman de Laura Esquivel (en français : *Une saveur de passion* ; en anglais : *Like Water for Chocolate*).

Aphrodite : contes, recettes, et autres aphrodisiaques : une autobiographie du désir et un guide des plaisirs de la bouche, Isabel Allende, Grasset.

J'ai souvent songé à cette phrase :
« Tu es un homme, mon fils. »
Et aujourd'hui c'est vrai.

Lettre à un homme

Aujourd'hui c'est ton anniversaire. Je me suis surprise à signer « maman » sur la carte contenant mes vœux. D'habitude je mettais mon prénom. Je ne sais pas pourquoi aujourd'hui j'ai tracé ce mot. Comme si c'était devenu une évidence. Les mères font en général le contraire. Tant que leurs petits sont petits, elles se font appeler maman. Pas moi. J'ai fait tout le contraire. Mais je ne sais trop pourquoi, aujourd'hui, ce nom s'impose. Ce n'est sûrement pas pour prendre mes distances, on n'a jamais été si près. Est-ce ton âge? Est-ce parce que tu es devenu un homme? Ça me fait tout drôle. J'ai souvent songé à cette phrase : « Tu es un homme, mon fils. » Et aujourd'hui c'est vrai.

C'était hier que tu étais tout petit. C'était hier que tu étais mon petit Pilou. C'était hier que tu riais aux éclats parce qu'une grenouille restait tranquille dans le creux de tes mains. Tu l'avais appelée Deling. Pour toi, ce nom tombait sous le sens. Pour toi seulement.

Et puis il y a toutes les autres fois où...

La fois de l'escargot, quand tu as passé la journée sur le bord de la plage à aider un escargot.

Je t'observais de loin. Tu te penchais, tu prenais l'escargot délicatement dans ta main et tu l'apportais un peu plus loin. Tu as refait cette manœuvre des heures durant. Patiemment. Je me suis approchée de toi pour comprendre ton manège. Tu m'as expliqué, comme si c'était la chose la plus évidente du monde, que l'escargot était bien petit pour avoir tout ce trajet à parcourir et tu l'aidais. En adulte réfléchie, je t'ai demandé comment tu faisais pour savoir si c'était la bonne direction, celle que l'escargot voulait prendre. Tu as regardé au ciel, découragé, comme si je ne comprenais rien à rien. C'est d'ailleurs cet été-là que toi et ton copain Saturnin m'appeliez « la guenon sexuelle ». Comme ça, pour rire. Il n'y avait que moi qui ne riais pas.

Et puis l'autre fois où, avec ce même copain qui vivait à Outremont, tu pourchassais de jeunes juifs hassidiques pour leur couper leurs boudins. La mère de ton ami et moi, on vous avait trouvés cruels, idiots et racistes. C'est en pleurs que tu avais tenté d'expliquer que tu faisais ça pour leur venir en aide : « Leurs mères ne doivent pas les aimer pour les atriquer de la sorte. » Nous en avons profité pour vous sensibiliser à la grande diversité culturelle de la société.

Au retour d'un voyage avec ton papa qui enseignait en Tunisie, tu étais accompagné d'une hôtesse de l'air. Je te surveillais par la vitre du deuxième étage à l'aéroport. Comme tu avais grandi ! Tu étais déjà un petit homme. Je t'ai vu parler à l'agent des douanes. Tu avais l'air fâché. Quand je t'ai récupéré de l'autre côté des grandes portes, tu semblais encore en colère. Tu avais trouvé la dame des douanes bien effrontée. Elle t'avait demandé, comme son travail l'exige, ce que tu transportais dans tes bagages. Tu lui avais répondu : « Ça ne vous regarde pas. » Une fois à la maison, lorsqu'on a ouvert ta valise, j'ai trouvé sur le dessus des citrons et des oranges encore après leurs branches. Tu les avais cueillis le matin même. Juste pour moi. Il y avait des dattes fraîches aussi. Aujourd'hui,je ne crois pas que rapporter un tel cadeau soit possible.

Si je pense à l'année de tes dix ans, il me vient en même temps une odeur très prononcée de gomme balloune à saveur artificielle de raisin et les cris du groupe Kiss. D'ailleurs tu t'endormais avec les hurlements de ce groupe dans les oreilles. Encore heureux que tu ne sois pas complètement sourd aujourd'hui.

Des tas d'images me reviennent pêle-mêle. Dont la fois où tu t'es complètement inondé de lait. Tu avais la mauvaise habitude de boire le lait à même le contenant, malgré mes protestations répétées. Un soir que tu es rentré tard, tu as, comme à l'accoutumée, ouvert la porte du réfrigérateur et tu as saisi le deux litres de lait. Au moment où tu t'apprêtais à boire, ma copine qui logeait temporairement dans la chambre d'amis a eu un éclat de joie parce que son copain l'honorait bellement. Tu as sursauté et bien sûr tout le contenu du deux litres s'est répandu sur toi et sur le plancher.

Et puis, tu as grandi trop vite. Je dois te faire un aveu, aujourd'hui. Te souviens-tu quand tu avais fait une bêtise et que je devais te chicaner? Tu étais tellement grand que je te demandais de t'asseoir pour que je paraisse plus grande que toi et que ça me donne un peu d'autorité. Tu as toujours répondu à ma demande et moi, je me suis toujours demandé si tu avais compris mon astuce.

Tout le temps que tu étais petit, tu étais mon p'tit loup, mon Pilou. Quand tu es né, je m'étais promis de toujours tenir ta main, de te montrer que la vie est magnifique. Ça ne s'est pas passé tout à fait de cette façon. Il y a eu un accident. Terrible. Qui aurait pu être fatal. À force de courage, de patience, tu t'es déplacé dans la vie, tu as pris un autre chemin et tu es allé beaucoup plus loin. Comme l'escargot. Aujourd'hui tu es un homme, mon fils. Depuis quelque temps tu me dis merci d'être ta mère. Je te dis, à mon tour, merci d'être mon fils.

Au coin de la rue,
l'aventure!

Une hirondelle ne fait pas le printemps

Non! Qu'est-ce qui se passe encore? Il est à peine 7 h du matin et il y a une souffleuse sous mon lit. J'ai beau faire des efforts surhumains pour me rendormir, le bruit d'enfer que produit l'engin à neige m'empêche de refermer l'œil. Le samedi matin, c'est fait pour dormir. Mais personne ne m'entend. Je parle toute seule dans ma tête. Je me calme un instant. Est-ce qu'il y aurait eu une tempête pendant la nuit alors que mes rêves étaient peuplés de magnolias en fleurs? Après tout, février s'achève et ce n'est pas parce que l'on n'a pas encore eu d'hiver qu'il ne risque pas de débarquer, sans crier gare, mais en faisant un boucan d'enfer à l'aube d'un samedi. La météo nous a bien prévu quelques degrés au-dessous de zéro et quelques grains de neige. Mais si peu. Un premier regard distrait vers la fenêtre me fait réaliser qu'il y a bien quelques flocons follets qui voltigent dans l'air gris. Pas de quoi appeler la souffleuse. Je descends prendre mon journal. J'ouvre la porte et oh! surprise! une montagne de neige – et je n'exagère pas – trône devant mon édifice. Un tas énorme, compact. De quoi réjouir Jean-Luc Brassard et ses copains. Et tout autour, rien. Aucune trace de neige. L'asphalte noir sans trace d'hiver qui contraste avec l'iceberg qui a émergé par miracle durant la nuit. Je me demande même si je vais réussir à sortir de chez moi pour faire les courses habituelles du samedi. Bon! Pour une fois cet hiver, mes bottes de sept lieues et mon Kanuk tout neuf vont sortir prendre l'air. De retour au deuxième étage, je me rends à la fenêtre donnant sur le port. Non, il n'a pas neigé.

C'est le même paysage lunaire, gris, plat d'un hiver qui n'a pas encore eu lieu. Et en bas, juste sous mes fenêtres, se trouve un camion, plein à ras bord de belle neige blanche. C'est à n'y rien comprendre. Habituellement, à ce moment de l'année, les camions ramassent la neige, ils ne la déversent pas. C'est l'hiver à l'envers. De quoi se poser des questions. Peut-être que la Ville – pour occuper ses cols bleus qui n'en finissent plus de se tourner les pouces – a décidé de fabriquer de la neige et de la répandre pour mieux la faire ramasser après. Qui sait? La nouvelle administration ne sait sans doute plus quoi inventer pour justifier son budget de déneigement.

Après quelques cafés pour me remettre les idées en place, je suis allée aux nouvelles. Le mont Blanc était toujours là devant ma porte, immuable et encore plus gigantesque que tout à l'heure. Devant la place, j'ai vu passer sur un grand chariot à roulettes un pan du mur de Berlin. J'ai suivi le mur roulant pour être certaine de ne pas avoir la berlue à Berlin. Après l'Himalaya devant ma maison, voici qu'on a érigé le mur de Berlin avec du fil de fer barbelé. Et le monument aux pionniers a été enveloppé, si je puis dire, par un mirador. On est passé des pionniers d'ici aux prisonniers d'ailleurs. Eh bien! Eh bien! Au coin de la rue, l'aventure! Et sur qui je tombe à quelques pas de là? Sur George et ses copains. Ils se lancent des balles de neige en riant comme des gamins. Mignon tout ça. Surtout que George n'est pas mal du tout. « Et tellement charmant, c'est pas croyable », comme me l'a dit un gardien de sécurité, tout plein d'enthousiasme dans la voix. « Il est pareil que nous autres! Ça fait du bien de voir un pareil monsieur se gratter la fesse et se jouer dans le nez. Comme qu'on f'rait, nous (*sic*). » Le gardien ne tarit pas d'éloges. Toute l'équipe l'adore, le beau George. En tout cas, pas reposant à regarder, George Clooney. Et ce n'est pas que mon

Kanuk qui me donne chaud. L'acteur, transformé en metteur en scène pour les besoins de la cause, est en ville pour tourner un film qui se passe, bien sûr, à Berlin et sous la neige. C'est donc lui le responsable de l'avalanche et du tapage à l'aube. « Et ça c'est rien. Attendez que l'autre arrive. » Mais l'Autre n'arrive pas. Il est malade. L'autre, si vous ne le savez pas déjà, c'est Brad Pitt. Oui, oui. L'acteur. Le bellâtre. D'où la sécurité. Au cas où... On ne sait jamais. Pauvre ti-pit. Il est malade. Viendra, viendra pas faire son cinéma ?

C'est drôle, nous aussi c'est ce qu'on s'est demandé tout l'hiver. Viendra, viendra pas, la saison froide ? Viendra, viendra pas, la neige qui va s'accumuler au pied du mur ? Sortira, sortira pas, la marmotte qui ne sait plus où donner de l'ombre ? S'habillent ou se déshabillent, les humains, dans ce temps qui oscille entre chaud froid, chaud chaud, froid et tiède ? Il a neigé sur le Panthéon, les gondoles se sont figées dans la glace à Venise, mais, dans ce pays de froidure, on n'a pas réussi à patiner sur les rivières, risquant de se noyer. Les bonshommes de neige ont fondu comme du beurre blanc dans la poêle. On aura eu un hiver de force. Un hiver de cinéma.

Et un beau matin, comme l'hiver qui n'a fait que passer, les « stars » sont reparties avec leurs lumières. Le mur de Berlin a roulé jusqu'aux ateliers de démolition. Et pour finir, les grands d'Hollywood sont repartis avec leur fric et leurs claques.

Dans le magazine *Ciné télé revue* du 6 décembre 1997, George Clooney a dit, et je cite : « J'ai su que j'étais devenu une star le jour où j'ai vu des gens bizarres ramasser mes vieilles chaussettes. »

Eh bien ! bravo, George ! En cet hiver artificiel de l'an 2002, tu es toujours une star et nous, on doit ramasser ta neige.

Tout cela,
dans une si
petite personne.
Tout cela,
c'est Mado.
Mado, ma mère.

Portrait de femme au singulier

Elle se tient toute droite sur ses talons vertigineusement hauts, elle qui a de si fragiles chevilles. Les mollets sont bien galbés, la taille est fine, le sourire frondeur, les yeux sont perçants et rieurs sous son petit chapeau à voilette qui tient de guingois. Elle a dix-huit ans sur cette photo noir et blanc, mais toutes ses couleurs y sont présentes. Elle fait plus vieux que son âge. C'est l'époque qui veut ça. Il y a dans ce corps frêle une envie de vivre, tout plein de rêves, une énergie folle, de la détermination et un fort désir de bonheur. Tout cela, dans une si petite personne. Tout cela, c'est Mado. Mado, ma mère. En réalité, elle s'appelait Colombe. Elle a préféré s'appeler Madeleine. Enfant, elle avait peur de marier un M. Pigeon. Lorsque je la regarde, j'éprouve une grande fierté à la voir comme ça. Je ne me lasse pas d'admirer ce portrait d'elle, à l'aube de sa vie de femme. Une femme qui se tient debout face à sa vie.

Lorsqu'on l'a mise en terre, elle était encore plus petite et frêle, j'avais l'impression qu'il ne restait plus rien d'elle. C'était mon tour d'amorcer ma vie de femme. Et j'essayais, ce matin de janvier où il tombait de gros flocons de neige apaisants, j'essayais de toutes mes forces de comprendre ce qui s'était réellement passé entre la première et la dernière image que j'avais de cette femme fabuleuse et que j'ai tant aimée. Bien sûr, il y avait trente-quatre années d'une vie pas particulièrement reposante. Mais c'est court, trente-quatre années, pour devenir une autre femme. C'était la première fois que je la voyais abdiquer. J'ai eu le grand privilège qu'elle s'éteigne dans mes bras. Dans son dernier regard, j'ai senti qu'elle me disait qu'elle n'était plus capable, qu'elle renonçait, que la vie était devenue au-dessus de ses forces. En quelques secondes, son corps s'est calmé de toutes les batailles, sa tête s'est renversée, allégée de toutes les tempêtes, ses mains se sont offertes, comme une dernière caresse, au lieu de se replier en poings fermés prêts à l'attaque. Elle a fermé ses paupières sur tous ses rêves qui ne se sont pas réalisés. Reposée, enfin.

On aurait dû engager ma mère louve et la guerre n'aurait pas fait long feu. C'est elle qui m'a appris très tôt à me tenir debout. À aller au bout de mes passions, à regarder en avant. À ne pas avoir peur de la vie. À essayer avant d'abdiquer. Elle n'avait pas froid aux yeux, ma mère.

Jeune fille, elle allait souvent au cinéma. Elle a déjà enfoncé de toutes ses forces une aiguille à chapeau dans la cuisse d'un homme trop entreprenant. Elle a même déjà menacé un homme arrogant avec son petit poing tendu vers lui en disant – et mes sœurs peuvent témoigner que la chose est vraie, même si elle semble totalement ridicule et exagérée – : « Mon poing, ce n'est pas quand il entre qu'il fait mal, mais quand il sort. »

J'ai assisté à cette scène et je n'oublierai jamais la tête du gars, qui a pris ses jambes à son cou. Il devait se dire qu'il était devant une folle finie. Je trouvais qu'elle avait pris un risque énorme. Mais je me suis toujours sentie protégée avec cette petite bonne femme. Elle n'avait peur de rien. Elle m'a donné envie d'avancer. Un jour que je doutais trop, que je me plaignais du dur métier dans lequel je m'engageais, elle m'a dit, d'un ton qui n'admettait pas la réplique : « Tais-toi et assume ton talent si tu crois en avoir. » Quand le trac m'envahit, elle est là, au-dessus de mon épaule, et nous répétons en chœur sa petite phrase.

Lorsque nous étions en désaccord – et durant mon adolescence ça nous arrivait souvent –, le soir, lorsque je rentrais de l'école, il y avait sur mon oreiller une enveloppe à mon nom. « À ma Franchon. » C'est comme cela qu'elle m'appelait. Nous partagions nos blessures, nos doutes, nos peurs, nos peines. Moi, de ne pas avoir plus de biens matériels et elle, de ne pas pouvoir m'en donner davantage. Je savais qu'elle m'aimait. Et je l'aimais encore davantage. J'ai toujours su qu'elle croyait en moi. Ça m'a permis de grandir. D'avoir des ailes pour aller plus loin, plus haut.

Ma mère était une féministe avant la lettre. Elle remettait souvent les pendules à l'heure pour nous expliquer la vie. Elle se mettait en colère contre les inégalités, les injustices. Elle nous répétait tout le temps qu'il fallait se débrouiller dans la vie, qu'on n'avait pas à tout attendre d'un homme. Ce n'est pas simple de gérer cela en grandissant, mais ça garantit l'autonomie. Et la solitude. Elle nous a appris à cuisiner avec ce qu'il y avait dans le frigo, à tricoter, à coudre pour compenser nos « goûts de luxe », comme elle disait. Elle m'a parlé de contraception, d'amour, de plaisir aussi. Le matin que je suis rentrée à la maison après ma première nuit d'amour, elle m'attendait calmement devant son café. Elle avait pris la précaution de défaire mon lit pour faire croire aux plus jeunes que je m'étais levée en même temps qu'elle. On a parlé entre femmes. Je la remercie d'avoir souri devant mes joues en feu, mes cheveux en bataille, mes yeux baignés de passion.

Elle a élevé cinq enfants. Seule. Elle a travaillé sans bon sens. On n'a jamais manqué de rien. Jamais. Je ne sais pas comment elle faisait.

Il y avait sa sœur, aussi. Lucette. Une femme de carrière. Elle tenait une boutique de vêtements pour dames. Elle a élevé quatre garçons et a toujours été là pour nous aider. Une autre femme solide, qui est encore là aujourd'hui à nous écouter, à nous encourager. Grâce à ces deux femmes, on a étudié dans les meilleurs pensionnats, on a fréquenté des colonies de vacances, on a eu accès aux livres, à la musique, à la culture, et à une tendresse infinie.

J'ai toujours pensé que c'était la chose la plus magnifique au monde que de naître femme. Je le pense encore aujourd'hui.

Merci, Mado, de m'avoir donné la vie. De m'avoir donné ma vie de femme. – Ta Franchon.

Depuis quand le vagin
fait-il courir les foules ?

Féminin pluriel

Nous sommes toutes là, vingt-neuf au total, énervées comme des puces. On nous a donné rendez-vous dans une salle de répétition du TNM (Théâtre du Nouveau Monde). On parle toutes en même temps, bien sûr. Des rires fusent. Des retrouvailles ont lieu. « Ça fait longtemps que je ne t'ai pas vue, tu as l'air bien. » « Tu étais tellement bonne dans le Shakespeare, tu m'as fait pleurer ! » « Tu es enceinte ? C'est génial. C'est pour quand ? »

Il y avait là les discrètes, les célèbres, les exceptionnelles, les débutantes, les timides, les nerveuses, la metteure en scène et la productrice. Moi aussi, j'y étais. Il n'y avait que des femmes. Blanches, noires, autochtones. L'excitation pouvait se lire dans les yeux de chacune. Le trac aussi. Il en est ainsi chez les actrices. Même les plus célèbres. Nous étions toutes là pour la même chose. La générale et en fait le premier enchaînement de tous les textes d'un spectacle-bénéfice, à l'occasion du V Day (Journée mondiale contre la violence faite aux jeunes filles et aux femmes), où nous allions interpréter *The Vagina Monologues* (*Les Monologues du vagin*), des textes basés sur des entrevues que l'auteure new-yorkaise Eve Ensler a menées auprès de deux cents femmes, de tous âges, races et religions. Eh oui ! Je sais. C'est particulier. Mais à ce jour, ces monologues ont été interprétés par les plus grandes actrices américaines et françaises. Glenn Close, Jane Fonda, Calista Flockhart, Brooke Shields, Oprah Winfrey, Susan Sarandon, Cate Blanchett, Ali MacGraw, pour ne nommer que celles-là.

Alors, quand on a demandé à Monique Mercure, Marina Orsini, Louise Portal, Pierrette Robitaille, Lorraine Pintal, Sylvie Léonard, Céline Bonnier, Sylvie Legault, Markita Boies, Angèle Coutu, et bien d'autres, elles ont toutes accepté, sans hésitation. Moi la première. On a jumelé ces actrices à des présentatrices : la juge Andrée Ruffo, la journaliste Madeleine Poulin, la prolifique dramaturge Janette Bertrand, l'animatrice Marie-France Bazzo, Michèle Audette, présidente de l'Association des femmes autochtones du Québec, Aoua Bocar Ly-Tall, présidente du réseau Femmes africaines.

Nous sommes donc toutes là, assises sur nos petites chaises, attendant que l'enchaînement commence. On a eu l'occasion de parcourir tous les monologues. Ils parlent tous de la même chose : le vagin. C'est poétique, parfois très drôle, souvent touchant, mais jamais larmoyant. Mais là, nous allons pour la première fois entendre tous les textes, interprétés par nos consœurs. « C'est pire que de passer une audition », dira l'une d'entre nous.

Puis Catherine, celle qui commence le spectacle, se lève. Elle nous dit son inquiétude de parler de « ça ». Pierrette enchaîne sur les poils et nous fait découvrir qu'il faut les aimer pour aimer le sexe des femmes. Certaines ont six ans, d'autres douze et nous parlent de la fameuse première fois. Il y a la honte de parler de « ça, en bas », mais surtout la découverte du plaisir. Monique personnifie celle qui a « fermé la boutique pour toujours ». Sylvie et moi nous éveillons à l'unisson à l'« émerveillement vaginal » au cours d'un atelier sur le vagin. Louise nous fait rire aux larmes en nous parlant de Paul qui aimait contempler le sexe féminin. Une femme bosniaque nous décrit le plaisir d'avant et l'horreur de maintenant. Une comédienne nous fait la nomenclature des petits noms qu'on donne au sexe des femmes ; ça va du plus gracieux au plus horrible. Marina nous fait l'éloge de son « petit minou ». Céline nous interprète les gémissements qu'entraîne le plaisir. C'est quelque chose ! On rit, on est émues, on se sent solidaires.

Et là, tout à coup, dans cette pièce surchauffée par les réflecteurs, nous réalisons que nous avons la chance de participer à un événement unique et magistral.

Nous ne sommes plus à Montréal dans une salle de répétition. Nous faisons le tour du monde, le tour des femmes. Parfois je me voyais assise à même le sol en terre battue dans une cuisine berbère à rire en émiettant le couscous avec mes mains teintes au henné. Ou alors je me transformais, pour un court instant, en Africaine dans son village brûlant sous le soleil en train de piler des grains en scandant le rythme avec mes pieds tandis que nos voix racontaient en de jolies mélopées l'histoire des femmes noires. Les Africaines m'apprenaient leur rire, qui a quelque chose d'enfantin. Une Indienne m'a offert une parure d'oreille ; une Amérindienne, un attrape-rêve. Je devenais toutes ces femmes. Un instant, une Italienne sur un marché, l'instant d'après, une lavandière au Portugal. À un moment musulmane, cachant mes secrets sous un long voile, puis orientale et mystérieuse, ou encore blonde et nordique. Mais toujours femme. Ces femmes étaient douces, tendres, rieuses, ouvertes, aimantes, fortes, mais aussi parfois tristes de blessures infligées. L'une d'entre elles a lavé mes cheveux, une a enduit ma peau d'huile odorante. Une autre m'a bercée dans son sari pour endormir ma peine. Une femme m'a donné à boire alors que le désert nous encerclait, une autre m'a fait rire en se moquant de mes craintes. J'ai bercé le bébé d'une Inuite, j'ai parlé russe, j'ai dansé latino, j'ai pleuré afghan, j'ai chanté slovaque. Comme une fillette, j'ai chuchoté mes secrets. En femme d'expérience, j'ai concocté des philtres d'amour et je me suis mise au parfum des contes des mille et une nuits.

La salle de spectacle est surchauffée. Ils sont nombreux à être venus s'entasser au *Lion d'or*. Pas une chaise de libre. Depuis quand le vagin fait-il courir les foules? J'avais peur, dans les circonstances, que le féminin ne s'accorde qu'au pluriel. Eh bien non! Pour une fois, les deux genres sont confondus. Le masculin côtoie le féminin. Et le rire est présent et la joie aussi. Il y a une fête autour de la féminité. Un réel plaisir partagé. Merci, mesdames, d'être femmes. Merci, messieurs, d'aimer ces mêmes femmes.

Je me revois, enfant,
dans le garde-manger
de tante Tucette,
à m'étirer le cou pour voir
sur les tablettes supérieures.

Dame Tartine

Je me revois, enfant, dans le garde-manger de tante Tucette, à m'étirer le cou pour voir sur les tablettes supérieures. Je précise tout de suite deux choses. D'abord, tante Tucette, ce n'est évidemment pas son vrai nom. Elle se prénomme Lucette, mais, à cause de la liaison, je l'ai toujours appelée Tucette. Et encore aujourd'hui. Pour ce qui est du garde-manger, c'est sans doute un peu par gourmandise que j'aimais m'y enfermer, mais je trouvais également que c'était une cachette de rêve, une caverne d'Ali Baba. Ce n'était pas tant la gourmandise qui m'y amenait, que la promesse des trésors qu'il contenait. On n'avait pas de dépense, chez nous. On empilait les denrées pêle-mêle dans les armoires. Sans que Tucette soit une maniaque de l'ordre, son garde-manger était fort bien tenu. Tout y était bien rangé. Les boîtes de biscuits à côté des conserves maison. J'aimais regarder les légumes et les petits fruits flottant dans leur jus. Les bouteilles aux multiples couleurs me donnaient à rêver. Que pouvaient-elles contenir pour avoir une si jolie robe et des noms si compliqués à prononcer? Je bafouille encore sur Worcestershire. En fait, je n'ai pas envie de prononcer comme il se doit, pour lui conserver son côté « venant d'ailleurs ». Ce garde-manger était odorant, dans mon souvenir. Vous me direz que normalement tout y est conservé hermétiquement. C'est le propre d'un garde-manger. Mais moi, j'ouvrais la porte et, même si tous les trésors étaient bien enfermés dans des boîtes en métal, dans des pots, des sachets, c'est la promesse de gourmandise qui me montait au nez. Un mélange d'odeurs fortes d'épices, surtout de la sarriette qui allait se retrouver dans une montagne de purée de pommes de terre, et de celles des dizaines de petits biscuits faits maison. Biscuits frigidaires, pets-de-sœur, palmiers miniatures et autres petites bouchées, doigts de dame, langues-de-chat. Il y avait tant de merveilles pour les yeux et la langue dans ce coffre-fort gourmand!

L'autre jour, en me promenant sur l'avenue Laurier, j'ai tout à coup une sensation de déjà-vu. Ce magasin me donne l'impression de me retrouver devant un garde-manger. J'ai compris en un regard ce que l'expression « lèche-vitrine » a de vrai. Juste le nom de cette boutique de produits alimentaires fait envie : *Les Petits Plaisirs d'Andrea*. J'ai poussé la porte pour connaître cette Andrea et ces petits plaisirs. En quelques instants, elle est devenue ma Dame Tartine. En la voyant se promener dans les allées pour montrer sa collection de denrées précieuses, les paroles d'une comptine que j'avais apprise, enfant, me sont revenues :

Il était une dame Tartine
Dans un beau palais de beurre frais
La muraille était de praline
Le parquet était de croquets

On y parle également de gilet de chocolat, de bas de caramel et de souliers de mie. *Les Petits Plaisirs*, c'est exactement la maison d'Hansel et Gretel, mais Andrea n'a rien d'une méchante sorcière. Elle serait plutôt une fée dragée. Elle fait goûter, raconte l'histoire d'un produit, son cheminement jusqu'à ses tablettes. Cette dame, fille d'un chef de la Côte-Nord, a passé par sciences-po avant de se mettre aux fourneaux. Enfant, elle aimait l'odeur de la cuisine froide. Elle se blottissait près des cuisinières éteintes. Et là, les yeux fermés, elle reniflait l'odeur en devenir.

Elle devait rêver à des mets, des plats, des délices, et a attendu la mort de son père pour s'y mettre. Elle a toujours été intéressée par la nourriture. Mais uniquement la bonne. Elle est allée un peu partout pour la trouver. À Los Angeles, ensuite à l'Institut de tourisme et d'hôtellerie du Québec, puis à Rome et après en Toscane. Elle a vécu une vingtaine d'années en Italie. Tout pour me séduire. Finalement à Boston. « Pour me rapprocher doucement de chez moi », dit-elle. Puis elle ajoute : « Il y a les moments pour apprendre et les autres pour partager. » C'est ce qu'elle fait maintenant, elle partage et elle le fait bien.

Le bonheur commence dans la cuisine

Elle me raconte, comme une belle histoire, qu'il y a plus de quatre millions de petits producteurs en Italie. Ces paysans, propriétaires de leurs terres, des artistes de la bouche, font pousser les fruits et les légumes avec amour. Ils prennent leur temps. Ils sont tellement fiers. « On sent ça dans le pot. »

Pour me le prouver, elle débouche un bocal de pêches blanches pelées qui nagent allègrement dans leur jus doré. J'ai le souvenir de pêches si juteuses qu'elles coulent dans mon décolleté. Une bouchée et la Provence est là, à portée de la bouche. Andrea me fait tout goûter. Je ne sais plus où donner des yeux et des papilles. Elle me fait l'éloge des pâtes Cipriani, de Venise (je n'ai jamais rien goûté d'aussi délectable, une pure merveille). Ce qu'on trouve dans cette chambre forte remplie de trésors inestimables? En plus de tous les produits italiens, dont des sauces, les huiles de toutes sortes (d'olive extra-vierge, de noix, de noisette), des olives, des vinaigres aromatisés et du balsamique Reggio Emilia, on trouve des riz, italiens, espagnols et thaïs, et du riz noir. Et aussi les véritables piments d'Espelette, des confitures, des chocolats, des caramels et des nougats, des moutardes artisanales, des miels de

France et de Sicile. Et une trouvaille, le verjus ou agreste, ce beau jus de raisin vert ou pas encore mûr que l'on utilise comme agent acidulant – comme le citron – dans les vinaigrettes, les sauces ou des plats de volaille ou de poisson. J'en cherchais depuis longtemps. La boutique *Les Petits Plaisirs d'Andrea* va m'en fournir. « Pour le raffinement de vos menus, pour des cadeaux originaux et surtout pour la qualité de chaque chose. Venez vous faire plaisir. » C'est ce qui est écrit sur les jolies étiquettes attachées aux sacs qu'on rapporte à la maison. La fille de la propriétaire, Francesca, emballe les articles de délices comme s'il s'agissait de pierres précieuses.

À l'arrière de la boutique, il y a une petite cuisine pour faire déguster aux clients un nouvel arrivage, mais également pour cuisiner. Dans le réfrigérateur, on peut trouver des huîtres fraîches « extra » du Pacifique. Bientôt, Andrea offrira des classes de cuisine. Elle est également l'auteure d'un superbe livre sur l'huile d'olive de la région de Lucca, magnifiquement illustré par les photos de Phil Jordan, photographe et son mari. Ce livre (en anglais) nous balade en Toscane chez les producteurs d'huile. Ceux-ci parlent avec une passion tout à fait italienne de leurs huiles, mais donnent également des recettes.

J'ai trouvé ma Dame Tartine, ma fée dragée, mon Andrea Baba et sa caverne de trésors. « La gourmandise est favorable à la beauté », disait Brillat-Savarin. C'est vrai.

COORDONNÉES ET RÉFÉRENCES :
Les Petits Plaisirs d'Andrea
273, avenue Laurier Ouest, Montréal
Téléphone : (514) 495-3999
info@lespetitsplaisirs.com
The Extra Virgin Olive Oil of Lucca, Andrea et Phil Jordan, Andrea's Kitchen Books.

Mettre en bouche
ce petit rien
qui pouvait contenir
tant de délices…

Une saveur d'enfance

Je revois encore la boîte. Énorme. Elle en contenait plus de deux kilos. À mes yeux d'enfant, c'était un cadeau fantastique. Puisqu'on offrait cette énorme boîte à ma mère, c'est qu'elle était une personne de mérite. En général, c'était à Noël, plus qu'à Pâques, qu'on lui donnait ce présent. Ma mère revenait du château avec cet énorme paquet. Quand on vient d'une famille à faible revenu, c'est bon de répéter ce type de phrase, de la laisser fondre doucement dans la bouche comme un caramel délicieux ou un chocolat, coulant, trop sucré, mais follement réconfortant. En fait, ma mère travaillait comme coiffeuse au château Frontenac. Et ses clientes lui offraient ce présent qui faisait notre délice, à mes sœurs et moi. Presque chaque année de mon enfance, la grosse boîte de chocolats trônait sur la table. Il suffisait qu'une d'entre nous ouvre le couvercle de la boîte pour qu'on reste un long moment en pâmoison devant le papier blanc, légèrement cartonné, qui protégeait le contenu. Parfois – et pour moi c'était un gage de qualité – on trouvait les diverses formes dessinées et les noms des chocolats inscrits sur cette feuille de route qui menait à un long voyage au pays des délices. Le contenu, par contre, demeurait un grand mystère. Il fallait essayer pour connaître. Mettre en bouche ce petit rien qui pouvait contenir tant de délices, et être aux anges ou alors déçue. C'est terrible de saliver à l'avance sur un petit carré de plaisir, puis que les papilles protestent de dégoût. Si joli pour l'œil et si décevant pour la langue.

Ma sœur Loulou avait trouvé sa méthode pour ne pas être sujette aux mauvaises surprises. Comme elle était souvent la première à « explorer » la boîte de chocolats – droit d'aînesse oblige –, c'est nous les adultes qui avions, selon le cas, la bonne ou la mauvaise surprise. En bienveillante aînée, Loulou nous préparait le terrain, elle traçait la route. Elle a toujours fait cela et je crois qu'elle le fait encore. Comme elle n'aimait que les chocolats durs, elle enfonçait le doigt dans le dessous des chocolats jusqu'à ce qu'elle trouve son bonheur. Johanne, alors toute petite, grattait à son tour pour voir l'intérieur et rejetait ce qui ne lui plaisait pas.

Parfois ma mère offrait ses chocolats aux invités. Mais nous étions déjà passées par là. Le contenu n'était souvent plus qu'un champ de bataille. Il n'y avait là que des tranchées, des fossés, des crevasses dégoulinantes de crème et des blessés par dizaines. Ou alors il ne restait plus, sur les deux étages, que des papiers « barbelés » qui n'avaient plus rien à protéger.

Une année nous avions même laissé l'énorme boîte sur le meuble de télévision. Il n'y avait eu, cette fois-là, que des chocolats mous. Très mous. Un peu comme si le voyage dans le merveilleux monde du chocolat ne nous avait fait découvrir qu'une galette fondue, toutes races et couleurs confondues.

Et puis, durant mon adolescence, tout le monde s'est obstiné à m'offrir pour Pâques un œuf Laura Secord avec le centre jaune crémeux et sucré à outrance. Je n'ai jamais aimé cela. Ça me tombait sur le cœur. Et encore aujourd'hui.

Oh! là là! Ces chocolats-là!

Dans le registre des plaisirs, je dois avouer que je ne suis pas très chocolat. Je suis plutôt caramel. Mais ça c'était avant de connaître les merveilles de Daniel Gendron.

D'abord la boîte. Une savante construction d'origami en forme de pyramide, dans un papier soyeux, attachée d'un cordon scellé à la cire. C'est tellement joli que l'on n'a pas envie de l'ouvrir tout de suite. La gourmandise commence déjà. On savoure des yeux. Et puis, délicatement, on entrouvre cette sculpture, on déplie des couches de papier ocre savamment plié pour se retrouver dans la chambre royale de la pyramide. Et c'est là qu'on découvre le trésor posé amoureusement sur un carton doré et luisant qui sert d'écrin à des pierres précieuses chocolatées. Il en est de même des formes. Elles sont impeccables. Des ronds, des carrés, des rectangles parfaits. Il faut y mettre la dent, et on monte alors au septième ciel du ravissement. Ces chocolats sont composés de ganache, mélange de chocolat, de crème fraîche et de beurre. Et les saveurs sont créées à partir de fines herbes, de fleurs, d'épices et de fruits frais. Canneberge, épinette noire, figue, lavande, gingembre, noisette, vanille Bourbon. C'est délicat, c'est savoureux, c'est finement dosé. Et que dire des calissons ! Mon péché mignon.

Qui est ce Daniel Gendron, confiseur chocolatier ? Cet artiste de la gourmandise ? Un homme tout à fait charmant. Bien que tombé dans le chocolat lorsqu'il était petit – son père était représentant pour la compagnie Rowntree –, il se destinait à tout sauf à ce métier. Comme il le dit lui-même : « Ma sœur et moi avions beaucoup d'amis dans le quartier. J'aurais dû être ambassadeur, attaché culturel, quelque chose comme ça. » En fait, il a étudié pour devenir historien médiéviste, puis peintre. Ce qui l'a amené un peu partout : à Paris, à New York, au Japon. Ses tableaux sont à l'image de ses chocolats : purs, lisses, étranges et fascinants. Des tableaux qu'on a envie de toucher, de lécher. Il a commencé à fabriquer des chocolats pour sa famille et ses amis gourmands. Puis on lui en a demandé de plus en plus souvent. Il a d'abord créé, pour la boutique *Sérénité* où l'on trouve des produits fins de Provence, un chocolat à base de romarin. Un pur délice. Et puis les autres arômes ont suivi. Lavande, thym, thé vert, verveine, genévrier, caramel tendre. Il est maintenant fournisseur officiel du Ritz, de l'hôtel Saint-Paul, du resto *Aréa* et bientôt de l'hôtel Saint-James. Il fait pousser ses fines herbes et, pour n'avoir que du frais, il rêve de faire venir les meilleures oranges de Tunisie pour les intégrer dans ces chocolats. Il veut faire de même avec les figues et les autres fruits.

Lorsque je l'ai rencontré, il venait de confectionner expressément pour l'actrice et mannequin Laetitia Casta un petit cochon chocolaté. Forme qu'elle affectionne particulièrement. On n'est cependant pas obligé d'être une reine de beauté, ou Cléopâtre, pour se gâter avec les pyramides de Daniel Gendron.

COORDONNÉES :
Daniel Gendron
Téléphone : (450) 646-6001
Sans frais : 1 866 846-6001
Courriel : gendronconfiseurchocolat@qc.aira.com

Elle portait un petit ciré rouge,
court, brillant comme un berlingot.

Mon Paris

Elle portait un petit ciré rouge, court, brillant comme un berlingot. On aurait dit le petit Chaperon rouge. Je la revois comme si c'était hier. Elle montait les interminables marches de la Butte, agile comme la gamine qu'elle était. Ses cheveux roux flottaient derrière elle, comme un suivez-moi-jeune-homme. La vie lui appartenait. Elle en faisait ce qu'elle voulait. En fait, non. Pas toujours. Elle avait la vingtaine toute fraîche et elle doutait. D'elle surtout. De ses rondeurs, de son charme, de son accent. Aujourd'hui, seul le temps lui appartient. Sa vie, elle en a la moitié de côté et elle s'est juré qu'elle ne courrait plus après ce qui lui restait à vivre. Elle savoure chaque minute. Comme elle fait présentement au beau milieu des escaliers du Calvaire. Ce chemin de marches porte bien son nom. C...

Les escaliers de la Butte
Sont durs aux miséreux...

Pas juste aux miséreux. La Butte est dure surtout à ceux qui courent après leur souffle, comme le lui fait si bien remarquer un passant : « Alors, Ginette ! On a besoin d'une tente d'oxygène pour terminer la route ? » Bon ! Ça va, ça va ! En Amérique, on ne marche pas, on roule. Alors, pour la forme, on repassera ! Cette idée aussi de vouloir monter ça à la course ! C'était quand, déjà, la petite qui gambadait comme une gazelle en imper rouge ? Il y a trente ans. Pas déjà ! Eh oui ! ma vieille ! Alors, elle donne le change en contemplant le paysage. Vue imprenable, il va sans dire.

Comme j'aime cette ville. Je ne m'en lasserai jamais. Depuis tout ce temps, je suis revenue régulièrement vers elle, et je la trouve plus touchante chaque fois. C'est un rendez-vous galant entre elle et moi. Je prends sa main et je la suis au gré de ses rues.

Petite mendigote
Je sens ta menotte
Qui cherche ma main...

Cette ville me fait du bien. Cette fois-ci, j'habite un quartier que je connaissais peu, celui de la butte Montmartre. Le grand attrait cette année, ce sont les lieux de tournage du *Fabuleux Destin d'Amélie Poulin*. Chaque jour j'entends des touristes demander où se trouvent le café et la fameuse épicerie de M. Collignon. Je me retiens de leur dire que c'est juste en face de chez moi dans la rue des Trois-Frères.

Je sors de chez moi et je commence ma visite de Paris. Au fil des ans, j'ai souvent refait le même parcours. Comme un pèlerinage. D'abord l'île Saint-Louis. Ses petites rues, ses boutiques et surtout ses quais. À la nuit tombée, je regarde l'intérieur des maisons éclairées. On n'y voit que les poutres au plafond et cette belle lumière jaune qui semble couler des fenêtres comme le jaune d'un œuf, moelleux et chaud. Je me suis toujours sentie comme chez moi dans ces rues. Un jour, ma famille a fait faire notre arbre généalogique. Le premier de la lignée venait de l'île Saint-Louis. Ça me plaît, ça. Un petit tour chez Berthillon – le meilleur glacier – avant de quitter l'île. Ensuite, le Marais. Je remonte la rue Julien-le-Pauvre d'un autre temps et je bifurque sur celle du Pont-Louis-Philippe. J'adore toutes les petites boutiques de cette rue. D'abord, pour les amoureux de l'écriture : *Papier + Calligrane* (la plus novatrice) et *Mélodies graphiques* où l'on trouve les fins papiers de Florence. Encore un cahier à ajouter à ma collection. Tous mes cahiers, j'adore les toucher, les humer. Passer ma main sur les feuilles blanches qui vont contenir des histoires. Dans cette rue, il y a également la *Galerie Sentou* et ses objets de design. Et les tricots de chez *Sierra*, de pures merveilles. Je continue ma balade par les rues Vieille-du-Temple, des Blancs-Manteaux, des Francs-Bourgeois. Puis je vais m'asseoir place des Vosges. Ma pensée s'égare dans un autre siècle.

Ensuite je traverse la rive et je me retrouve dans le 6e. Je fouine du côté de Saint-Germain. Je vais à la librairie *La Hune* – la plus jolie de Paris – puis je prends un verre en terrasse au *Café de Flore* pour accompagner une tartine de pain Poilane. Et je fais marcher mes yeux. « J'aime flâner sur les grands boulevards, y a tant de choses, y a tant de choses à voir », chantait Yves Montand.

Viens ensuite la visite incontournable au marché Bucci pour ces fleurs, ces fruits et ces étals qui débordent de belles et bonnes choses. Je commence à avoir les pieds fatigués. Je saute dans un métro et je souris toute seule. À l'époque où j'étais Chaperon rouge à Paris, une amie avait demandé, le plus sérieusement du monde et avec une prononciation exagérée pour qu'on la comprenne bien, dans quelle direction se trouvait « le métro Vagin » ; elle voulait bien sûr parler du métro Vavin.

Demain, ou dans les jours qui suivront, une visite au hammam de la mosquée de Paris dans le 5e me fera le plus grand bien. Voir toutes ces femmes huiler leur corps, lisser leurs cheveux, rire, c'est bon, ce bien-être. Du même coup, prendre un incontournable thé à la menthe. Demain, je ferai une longue promenade dans les jardins du Palais-Royal si bellement bordés d'arbres avant d'aller me détendre chez *Muscade*, juste en dessous de l'appartement de Colette, pour prendre des notes dans mon cahier tout neuf. À moins que ce soit chez *Mariage Frères* dans la rue du Bourg-Tibourg pour déguster toutes les saveurs de thé et les petits gâteaux, et les tartes, et goûter des yeux les belles personnes qui fréquentent ce lieu.

Il y aura aussi ces balades interminables le long des quais, bien au chaud dans mon petit manteau rouge. Heureusement, j'ai troqué le petit imper pour le manteau laine et cachemire, histoire de protéger mes os, plus aussi fringants. C'est rigolo. Paris, de Chaperon rouge à mère-grand. Comme le temps passe. Mais je constate que les yeux sont restés les mêmes. « Comme tu as de grands yeux ! – C'est pour tout voir, mon enfant. »

Je me fais bousculer dans le métro. « Alors, ma p'tite dame ! On fait du camping ? » Mon soulier écrase une merde sur le trottoir. Zut ! Je fais la file pour acheter mon pain et j'ai intérêt à en connaître l'appellation lorsque viendra mon tour. « Quoi ! Vous n'avez pas la monnaie ? » Raw là là ! À l'appartement, le chauffe-eau déconne, la serviette est rêche. Au coin de la rue, un homme hurle aux loups. Dans le métro, on quête en chanson. La ville résonne, pimpon-pimpon. Yé ! Je suis à Paris !

Elle savait qu'une fois
qu'elle serait rendue
sur le pont,
le bonheur l'envahirait.

Bons baisers de Paris

Elle se tenait devant le carrousel pour récupérer sa valise. Le bagagiste lui a demandé si elle venait faire la touriste à Paris. Elle a souri et lui a répondu qu'elle venait pour affaires. Elle s'est gardée de lui dire qu'elle était à Paris pour affaires très personnelles. Elle ne s'est pas attardée à l'aéroport. Il en est de même des gares. Elle n'y traîne jamais longtemps. Ce qui s'y passe – les adieux et les retrouvailles – est souvent trop triste et trop personnel. Une fois installée dans sa petite chambre de l'hôtel de la rue Merri, elle a essayé de trouver le sommeil. Elle en aurait eu besoin, pour ce qui l'attendait. Mais rien n'y fit. Les bruits de la rue, les éclats de voix et surtout les rires ont eu raison de sa curiosité. Elle a pris une douche, a enfilé sa petite robe de fête, s'est faite jolie et est sortie au grand jour, prête pour son bonheur secret. D'abord se balader le long des rues et des quais, histoire de tâter le terrain. Elle a fait marcher ses yeux, et les enseignes de boutiques et de restaurants aux noms loufoques l'ont mise en joie. Comment ne pas être de bonne humeur devant des enseignes comme : *Mona lisait*, *Le Chant des voyelles*, *Troifoirien*, *L'Été en pente douce*, *L'Amour de coquelicot*, *Un Jour ailleurs*, *Un Dimanche dans nos campagnes*, *Toutes Griffes dehors*, *La Chaise au plafond*, *Du Vent dans vos vêtements*. Pour elle, c'était une façon de se préparer aux plaisirs. Plus elle approchait des quais, plus son cœur battait la chamade. Elle savait qu'une fois qu'elle serait rendue sur le pont, le bonheur l'envahirait.

Baisers volés qui ne sont pas de Truffaut

Tout ça avait commencé lorsqu'elle s'était retrouvée devant la fameuse photographie de Doisneau où un couple s'embrassait dans une rue de Paris. Elle était convaincue que c'était la chose la plus sublime qui pouvait lui arriver. Se faire embrasser dans la rue, dans un parc, sur un pont, ou en dessous ; sous une porte cochère, près d'un réverbère, qu'importe, pourvu que ce soit à Paris. Si ça ne s'était pas encore produit, ce n'était pas faute d'avoir essayé. Le premier avec qui ce rêve aurait pu se réaliser, quoique très mignon, était un jeune homme de bonne famille plutôt timide ; il n'en était donc pas question. Le suivant, déjà plus fantasque, souffrait – pas de chance ! – d'une horrible poussée de feux sauvages. Il aimait trop sa belle pour la contaminer. Bien sûr, il y avait eu le Japonais, mais là encore impossible de mettre son désir à exécution puisque le jeune homme, qui passait son temps à cacher son sourire avec sa main, n'allait sûrement pas l'embrasser à pleine bouche en public.

Alors, un jour, elle s'est arrêtée devant un couple de Parisiens qui s'embrassaient. Elle a alors constaté qu'ils approchaient leur bouche des joues désirées, mais que jamais leurs lèvres ne touchaient, ni même n'effleuraient la peau. Ils envoyaient les baisers à la volée. Elle s'est posée une question : mais, ils vont où, tous ces baisers que les Parisiens n'envoient pas à destination ? Dans l'espace ? Dans l'air ambiant ? Son observation des jours suivants a confirmé sa théorie. Les Parisiens envoient leurs baisers aux quatre vents. C'est à partir de ce jour qu'elle a profité de tous ces baisers perdus. Elle n'a eu qu'à tendre son visage et tous les becs rieurs, amusés, frileux ou langoureux ont atterri sur ses joues, ses paupières, son front, son cou, sa bouche.

Et le soir, lorsqu'elle s'allonge sur son lit, elle savoure avec délice sa cueillette de la journée.

Certains viennent à Paris pour faire le plein de culture, d'autres, des délices de la table ; et d'autres encore, pour dévaliser les grands magasins. Pour elle, la Ville lumière, c'est pour faire le plein de tendresse et de câlins. Ces baisers ne lui sont pas réellement destinés, elle le sait. Mais elle n'enlève rien à personne, elle ne fait que ramasser ce que les autres ont laissé à la traîne. Lorsqu'elle s'endort, apaisée de tant de tendresse, elle pense en souriant à cette jolie phrase de Guy de Maupassant : « Un baiser légal ne vaut jamais un baiser volé. »

Malgré avril et son printemps
encore un peu frisquet,
malgré la pluie, le vent,
les belles journées ensoleillées,
ça reste la Provence,
heingne (hein)?

Une saison en Provence

La Provence en avril, c'était risqué. (Ici, il faut lire à haute voix, « avé l'assen » – et comprendre avec l'accent.) En avril ! « Ça dépang (dépend). C'est une question de vengues (vents). Quand ce n'est pas la tramontane, c'est le mistral et ça, ça dure trois jours, six jours, ou neuf jours, et après, c'est l'asile. Il y a un angne (an), il nous est tombé quatre-vingt-dix centimètres de neige en deux heures. Vous vous rendez compte ! » Oui, M. Chevalier, on se rend bien compte. On en sort, de la neige. Et dans certaines régions du Québec, il y en a encore à ce temps-ci de l'année. Ça fond, mais lentemagne (lentement).

Malgré avril et son printemps encore un peu frisquet, malgré la pluie, le vent, les belles journées ensoleillées, ça reste la Provence, heingne (hein) ? Et quelle Provence ! Le grand peintre de la nature s'en donne à cœur joie avec des camaïeux de verts exceptionnels qui vont du plus tendre des pousses toutes neuves au plus foncé des gigantesques platanes au garde-à-vous de chaque côté des routes, en passant par le vert argenté des oliviers qui secouent allègrement leur nouvelle tignasse au vent.

Et puis, il y a les champs retournés pour les cultures, terres dont la couleur varie selon les régions et la lumière du jour. Il y en a des jaune safran, des ocre doux, des rouges, des terre de Sienne, qui vont bientôt recevoir les cultures de lavande, les légumes et surtout les vignes, dont on ébourgeonne les ceps afin qu'ils ne s'épuisent pas en rameaux inutiles.

Agrippées à leur racine tordue, les petites feuilles naissantes sont excitées de voir enfin le jour et frémissent au vent. Elles donnent l'impression de se tenir par la main, les unes les autres en files bien droites sur des kilomètres. Il y en a à perte de vue, des vignes, et bientôt elles regorgeront de raisins. Mais ça, c'est pour la prochaine saison.

En attendant, il y a l'éclosion des fleurs des arbres fruitiers qui nous apparaissent comme des feux d'artifice, au détour d'une route, à travers les myriades de verdures. Les amandiers ont déjà perdu leurs fleurs, alors que les poiriers, les pruniers et les abricotiers se couvrent des leurs. Feux de joie aux coloris d'aquarelle. Thym, romarin, myrte et genêts parfument le maquis de leurs senteurs enivrantes tandis que la lavande, en petites touffes alignées pareilles à des carapaces de tortue, attend patiemment la chaleur pour donner tous les bleus, les mauves et les violets odorants.

J'aurais bien aimé voir ces champs, à perte de vue, si bellement bleutés, mais ce sera pour une autre saison. Les Provençaux, eux, qui semblent ne pas vouloir oublier ce bleu Matisse, l'étalent à coup de pinceau sur les portes et les volets de leurs bastides. Pour que ce soit encore plus joyeux, ils ont pris la peine d'enduire la façade de leurs demeures blanchies à la chaux de rose tendre, de pêche doux, ou d'ocre ensoleillé qui s'harmonise avec les tuiles « canal » empilées savamment les unes sur les autres comme des biscuits fins orange, brûlés de soleil. Des maisons comme des gourmandises à croquer des yeux.

Les villages se gagnent

Bien sûr, il y a des routes nationales, et les départementales, mais les toutes petites, les compliquées, les étroites sont celles qui procurent les plus jolis cadeaux. Comme la plupart des villages sont haut perchés, il faut emprunter de minuscules routes étroites qui sillonnent la campagne, grimpent pour redescendre aussitôt, serpentent en lacets sans fin et vertigineux pour nous amener tout là-haut. Et là, au détour du chemin, nous arrive, à flanc de montagne, une apparition, un cadeau tombé du ciel.

Un village perché, accroché au rocher avec lequel il se confond, entouré de remparts et de petites maisons qui semblent empilées les unes sur les autres et qui se tiennent entre elles pour ne pas tomber dans le ravin. Une pièce montée aux couleurs délavées d'ocre et de rose, tachetée çà et là de bleu de Parme, surmontée d'un château fort et d'un campanile en guise de cerise sur le dessus.

Ces petits hameaux ou villages se ressemblent tous avec leurs petites rues étroites en labyrinthe, leurs pavés du Moyen Âge, leurs vieilles pierres, leurs vues imprenables, mais sont différents, aussi. Chacun se réclame de sa spécialité. Mon plus grand plaisir : courir les marchés, qui se tiennent en avant-midi, sur la place publique, différents jours selon les villages. On y trouve de tout ; chaque région étale fièrement ses trésors. Lourmarin et ses croissants aux pignons, les croquettes d'Avignon au doux parfum d'amande et de citron, les calissons d'Aix, le nougat de Montélimar, les coquillages des Saintes-Maries-de-la-Mer, les cerises du mont Venasque, les fruits confits d'Apt, les fromages de Banon. Sans oublier les étals entiers d'asperges blanches et vertes qui donnent envie de mordre dans le printemps, à belles dents.

On trouve également la lavande et les boutons de roses séchés pour embaumer la maison ; la tapenade, le miel, les truffes, l'ail, l'huile d'olive. Certains marchés offrent des faïences et des céramiques, des santons et des tissus imprimés. De quoi acheter trois bêtises !

Et puis vient le moment de s'arrêter à la terrasse près de la fontaine où les petits vieux prennent l'air en refaisant le monde avec l'accent chantant tandis que l'on savoure les rosés et les blancs frais ou encore le pastis de la région. Le Luberon regorge des meilleures caves. Et il y a tous ces alcools qui portent des noms qui chantent pour l'oreille et qui enchantent la bouche. Gentiane de Lure, Noix de la Saint-Jean, Rinquinquin, Lou Parpaillou, Farigole, Absente.

La vie glisse en douceur, la liqueur dorée attrape un rayon de soleil et fait une tache de lumière sur la nappe blanche. Il faut du temps au temps, et comme dit l'autre : « T'inquiète ! », on est en Provence. Et juste en face, sur la devanture d'une boutique, un écriteau m'oblige à rester assise au soleil : « Ouverture selon l'humeur. »

Le soleil a brûlé,
telle une orange sanguine,
gorgée de chaleur
et juteuse
de sucs délicieux.

Des Petits riens qui font toute la difference

J'ai attendu la fin de ce jour, assise sur le muret de pierre de la grande place à Lourmarin. Et pour mon plus grand plaisir, cette journée qui n'en finissait plus d'être belle s'est étirée avec des mouvements lents. Le soleil a brûlé, telle une orange sanguine, gorgée de chaleur et juteuse de sucs délicieux. Quand on assiste à ce genre de spectacle, on voudrait applaudir à tout rompre cette performance hors du commun et réclamer un rappel. Je devrai attendre la prochaine représentation, qui n'a lieu que demain. Et puis, de grands garçons en culotte courte, bas aux genoux et ballon de foot à la main, sont venus s'exciter le poil des jambes en défendant leurs couleurs, le sourire et l'accent à la bouche. Jusque tard dans la soirée, je les ai entendus rire et crier leur plaisir. La journée s'est éteinte sur ces derniers sons avant de faire place à ceux de la nuit.

« Avé l'accengne »

J'ai eu droit à de longs « mammagne » à répétition. Cri du cœur d'un ado qui réclamait à hauts cris sa maman. Moi qui ai été longtemps habituée au « môoooman », je ne puis que rire de cette appellation « avé l'accengne ».

C'est mon dernier soir en Provence. Mes yeux et mes oreilles ramassent de petits détails qui me seront utiles pour rêver de ce coin de pays magnifique. Les chats rois, lovés au soleil sur le rebord des fenêtres. Leurs poils luisants qui se découpent sur les volets pervenche. Certains d'entre eux ont préféré élire domicile dans les pots géants d'oliviers que l'on a placés à quelques pas de la maison, faute de pouvoir les planter en terre dans de grands jardins. Les affiches qui font sourire comme celle d'« Amour de Dieu et fils » qui donnent dans la construction. Ou celle qui se trouve sur la devanture d'une boucherie qui s'affirme « chevaline » tout en annonçant en grosses lettres : PORC. Ou encore, ma préférée, celle qui orne la façade d'un garage de la place du parking de Forcalquier : « AMOUR, entretien et réparation. » C'est pas joli, ça? Alors, si vos amours sont en perte de vitesse, vous savez dorénavant où les faire réenligner ou leur mettre un peu de carburant dans le moteur.

Et combien de fois j'ai entendu des gens dire : « Tu me rends chèvre » lorsque quelqu'un les énerve. Ou alors, en parlant d'une personne établie dans la région mais venant d'ailleurs : « Elle vient de Paris, la pôoovre! » J'apporte dans mes bagages tous ces jolis mots, ces expressions qui valent bien tous les gugusses locaux que l'on rapporte en guise de souvenirs.

Tableaux suspendus

Je me suis promenée un peu partout, principalement dans les petits villages perchés, sur les marchés et dans les vignes. Je me repasse ces images et je vois, chaque fois, un tableau qu'on aurait appuyé sur un chevalet pour prendre le temps de l'observer. Et ce qui me frappe par-dessus tout, c'est la lumière qui s'en dégage. Ces jets de luminosité qui donnent vie aux choses, aux maisons, à la terre, qui les révèlent dans ce qu'elles ont de plus secret. J'aime suivre le déplacement des rayons du soleil qui lèchent les murs colorés des maisons. J'aime les routes bordées de platanes qui réunissent leurs feuilles au faîte et qui font de l'ombre sur la chaussée en laissant passer des étincelles de lumière annonciatrices de chaleur.

J'ai adoré la petite terrasse de la maison que j'ai louée à La Motte-d'Aigues. La source s'en donnait à cœur joie même la nuit et le soleil aimait bien y flâner tout le jour. Moi aussi. On peut facilement comprendre l'engouement des aquarellistes pour les paysages de Provence. Les œuvres de deux d'entre eux ont particulièrement retenu mon attention. À la galerie *Ocre Jaune* dans le village de Cucuron, les dessins de Michèle Reynier, et à Saint-Rémy-de-Provence, les gigantesques toiles de Jean-Michel Espinasse – qui, à elles seules, résument toute la Provence – exposées à la galerie *L'Aura Amara*, qui signifie « l'air amer ». J'espère que mon œil a bien enregistré ces tableaux puisque c'est tout ce que mon porte-monnaie peut s'offrir, pour le moment.

Cette lumière que l'on retrouve dans les paysages provençaux se retrouve également dans la bouche des gens et dans leurs yeux taquins ; c'est ce qui fait la Provence.

Un jour, débarquant à Avignon pour la première fois, je m'étais fait apostropher par un marchand – le seul ouvert à cette heure de sieste – parce que la personne qui m'accompagnait s'obstinait à n'acheter qu'un yogourt et une carotte en guise de collation alors qu'un paquet de quatre petits pots et au moins quelques grammes auraient été de mise. Il a fait venir, à tour de rôle, tous les membres de sa famille pour rigoler à gorge déployée des deux « étranges ». Il ne faisait que répéter : « Une carotteee, une carotteee ! Vous vous rendez compte : *une* carotteee ! » Il l'avait trouvée tellement drôle que chaque fois que je repassais dans la rue – et j'y suis passée tout un mois – il criait aussitôt à mon intention : « La carotteee ! » Vous me direz que j'aurais pu changer mon itinéraire, mais ça m'aurait privée d'un plaisir partagé.

Je suis retournée dans la petite rue. L'homme et sa boutique y sont toujours. Sa famille aussi. Il est un peu plus courbé, un peu plus vieux – moi aussi d'ailleurs –, mais le rire est toujours dans l'œil.

À deux pas de là, dans la rue des teinturiers, il y a une petite buvette. Une dame, ronde, à la peau presque transparente tellement elle est fine, et à l'œil qui jette des étincelles tant le plaisir est palpable, est là aussi, comme autrefois, derrière son comptoir. Et je retrouve ce qui m'avait tant plu chez elle la première fois. Ses joues sont roses en permanence. Elle sert ses clients et la roseur lui monte aux joues. La timidité ? La chaleur ? La fatigue ? Ou tout simplement le plaisir ? C'est ce que je veux croire.

Les choses ne bougent pas dans ce pays, ou presque. Je suis restée, mon verre de rosé frais à la main, à contempler cette toile d'un autre âge. On ne rougit plus de plaisir de nos jours. À force de regarder de près ce tableau vivant, je me suis rendu compte que cette femme n'était pas tout à fait la dame que j'avais connue à l'époque, mais bien sa fille.

C'est formidable qu'il y ait des souvenirs sous la forme de tableaux, ils ne changent pas d'âge, eux. À mes yeux, la Provence restera toujours la Provence. Et c'est tant mieux.

J'ai envie de vent doux
sur ma peau.

Une saison annoncée qui se fait désirer

Je suis en manque. Mon *pusher* est en retard. J'ai pensé faire appel à Drogue-Secours, mais la substance illicite qui calmerait mes angoisses de fin d'hiver et qu'on pourrait me livrer manquerait de l'essentiel. Le genre d'herbe que j'ai besoin de consommer doit contenir de la chlorophylle pour me faire planer. Moi, je carbure au vert. Et pour le moment, c'est tout mon corps qui en est privé. Mon besoin de remontants se fait drôlement sentir. J'ai besoin d'inhaler des saveurs printanières, de sniffer la nature verdoyante et fleurie, de m'injecter de la lumière dans les veines, de popper quelques pilules de soleil, de priser à même le gazon nouvellement tondu. Je veux m'enivrer à coup de rosée, de préférence sans glaçons. Je suis en manque de petites robes à fleurs, à pois, à rayures ou bien colorées et « décapotables ». Le bourgeon qui éclate et la nature qui explose devant ma rétine me transportent dans des états autres que celui du Nebraska. J'ai envie de vent doux sur ma peau, je veux me rouler dans l'herbe fraîchement coupée, je veux marcher sous la pluie chaude et chantante, je veux assister à l'éclosion des fleurs elles-mêmes étonnées de sortir de terre. Je veux entendre les oiseaux placoter tout leur soûl. Je suis en manque de saveurs nouvelles et de vert tendre. Mes yeux veulent croire aux magnolias qui explosent de rose et de blanc, mes narines désirent sentir le lilas et les narcisses. Je veux pouvoir m'extasier, vingt fois par jour, sur les bourgeons frémissants qui timidement étirent leurs petites feuilles, une à une, pour éclater en un gigantesque bouquet de verdure. Je veux du printemps dans ma tête. Je veux me sentir à nouveau légère et en vie. Pourtant, le printemps est une saison longuement annoncée. L'hiver n'a pas encore commencé de neiger qu'on pense déjà printemps. On la désire, cette saison, on y pense, on en rêve, on la veut désespérément au bout du tunnel. On sait que lorsqu'elle sera à nos portes, tout va changer. Tout sera différent. On aura passé à travers le pire, et le meilleur est à venir. L'horreur derrière soi et le bonheur en soi.

Mon deuxième printemps

On ne peut pas vraiment se plaindre. La saison hivernale n'a pas été si terrible, mais elle n'en finit plus de s'éterniser. C'était pourtant bien parti. Il y a quelque temps, Dame Nature nous avait donné deux journées débridées aux chaleurs d'été. Des 28 °C et des 32 °C. En fait, on n'en demandait pas tant en ce début de printemps.

Et puis tout de suite après, neige et froidure qui donnaient l'impression qu'on recommençait l'hiver, mais en force cette fois. Comment voulez-vous qu'on s'y retrouve? Imaginez seulement que, une année, les autres saisons ne reprennent pas du service et sautent leur tour. Il y a l'hiver et puis, encore l'hiver. Coup sur coup. Est-ce que vous comprenez un peu plus mes angoisses? Je sais, je me plains la bouche pleine.

Je rentre de vacances dans un pays où le printemps a déjà sévi. Peut-être. Peut-être, mais quand on a goûté à ça, à cette saveur tendre et si fraîche, à cette douceur, à cet éclatement, on en redemande. C'est comme l'amour; quand c'est bon, on n'a pas envie que ça s'arrête. Je sais, ce sera mon deuxième printemps cette année.

Et puis après? On a le droit d'être boulimique à ce qu'on veut. N'a-t-on pas la possibilité d'avoir deux fois – même d'affilée – la même joie? Le printemps comme un deuxième rendez-vous qui risque d'être aussi délicieux, sinon plus, que le premier. Je n'en aurai jamais assez. J'adore ce renouveau. J'en ai besoin, de cette saison. Je suis accro au printemps. C'est une dépendance physique, je l'avoue sans honte.

La première fois que j'ai été mise en contact direct avec ce « stupéfiant » qui fait des ravages en moi, j'avais six ou sept ans. On se baladait souvent en voiture, le dimanche. Les éternels « tours de machine », je les appréciais particulièrement au printemps.

J'avais l'impression que les vaches et les moutons avaient poussé là, à cause du beau temps. Un peu comme les crocus qui émergent de la terre encore mouillée de neige. Il n'y a qu'une petite fille de la ville pour penser de la sorte. J'en étais une. Et je trouvais que ces animaux avaient une chance inouïe d'avoir autant de verdure à grignoter à longueur de journée.

Un jour, j'accompagnais mon père aux hangars de la compagnie Palmolive pour laquelle il était représentant de commerce. À l'époque, on disait commis voyageur. Il venait chercher les marchandises qu'il aurait à écouler dans les petites villes de l'est du Québec, lorsqu'il prendrait la route le lendemain.

Je ne voyais pas souvent mon père et cette occasion d'être seule avec lui, sans ma mère et mes sœurs, était inespérée pour l'enfant que j'étais. Il m'avait demandé de l'attendre sagement. Ce que j'ai fait. Jusqu'à ce que j'aperçoive une planche de bois d'assez grande dimension. Elle était peinte en vert. Une teinte qui me semblait savoureuse.

Rappelez-vous ma jalousie des ruminants pour leurs champs de pâturage. Alors, je me suis penchée vers la planche dont la peinture n'était pas encore sèche. Et si ce n'avait été l'intervention de mon père qui, d'un geste rapide, m'a écartée de cette drogue perfide et intoxicante, j'aurais léché ce panneau et je serais aujourd'hui la seule personne à avoir la langue verte. Déjà que je ne l'ai pas dans ma poche !

Ce soir, je vais déguster mes asperges et mes petits pois en regardant la neige tomber en cette fin d'avril. Dame Nature, changez-vous en joyeux Géant Vert ! Je suis en manque.

Livrez-moi ma dose pour que j'existe à nouveau. Mettez-moi au parfum pour que je frémisse à mon tour. Donnez-moi de la chaleur pour que je sorte enfin de mon cocon et que je plane.

Est-ce sa voix
ou tout simplement
les rayures,
sur le disque
trente-trois tours,
qui donnent
cet effet de vibrato ?

Dans les petites poches de la mémoire

J'entends encore Tino Rossi avec sa voix légèrement nasillarde et chevrotante. Est-ce sa voix ou tout simplement les rayures, sur le disque trente-trois tours, qui donnent cet effet de vibrato ? Toujours est-il qu'il chante à gorge déployée dans une des poches de ma mémoire. Vous savez, c'est comme quand vous mettez la main dans une poche de vêtement que vous n'avez pas visitée depuis longtemps et que vous retrouvez un billet de métro, un papier chiffonné avec un numéro de téléphone, un petit caillou, ou un vieux Kleenex. En vidant les nombreuses poches d'une salopette de mon fils, j'ai déjà trouvé une colonie de petits escargots qu'il voulait extirper de la puanteur du lac du parc Lafontaine. Son sauvetage avait réussi. C'est le vêtement qui dégageait maintenant toute la puanteur. J'avais dû jeter et la salopette tachée à jamais et les escargots qui avaient rendu l'âme.

Aujourd'hui je ne sais trop pourquoi, dans le noir d'une pochette de mon cerveau, j'ai retrouvé Tino Rossi qui chante à l'unisson avec ma mère : « Marinella, ah ! reste encore dans mes bras... » Ma mère aimait bien ses chansons. Elle fredonnait souvent *Marinella*. Et mes sœurs et moi, on entonnait en chœur, pour se moquer de son engouement pour ce chanteur qui ne nous faisait pas du tout le même effet : « Marinella, tu pues des pieds, tu sens l'tabac. » Ce qu'on a pu rire avec ça !

Tino Rossi n'arrive pas à se taire, comme si je lui avais réclamé un rappel ; il fredonne à s'en casser les cordes vocales dans la doublure de ma pensée.

« Maman, tu es la plus belle du monde/Aucune autre à la ronde n'est plus jolie. » Est-ce le printemps et son habituel grand ménage de saison qui me font retourner toutes les poches pour y trouver de vieux souvenirs? Je vous dévoile pêle-mêle ce que j'y trouve.

La plus belle du monde

Quand mon fils était petit, il aimait bien la série *Sesame Street*. Moi aussi. J'aime encore Kermit la grenouille et l'inénarrable Miss Piggy.

Un jour on avait vu ensemble une jolie histoire interprétée par des marionnettes. Un petit garçon pleurait toutes les larmes de son corps au milieu d'une foule. Il y avait quelques minutes à peine, il se baladait dans un marché à ciel ouvert avec sa maman.

Tous les gens du village se sont mis à la recherche de la plus belle femme qui soit. Et chaque fois qu'on lui en montrait une, l'enfant répétait que ce n'était pas celle-là puisque sa maman était la plus belle du monde.

Ils firent venir, des villes et villages avoisinants, des femmes aux yeux magnifiques, aux cheveux soyeux, à la peau de pêche. Ça n'était jamais la bonne. Le maire du village ne savait plus quoi faire. Toutes les plus belles s'étaient présentées.

Et puis, quelques heures plus tard, une vieille femme, courbée, les cheveux épars cachés sous un fichu, pas très choyée par la nature, s'est approchée. L'enfant lui a sauté au cou. C'était sa maman. C'était la plus belle du monde.

Dans le même ordre d'idées, je continue ma tournée des poches surprises et je retrouve ce souvenir : je suis à la veille de jouer au TNM dans la pièce *Sainte Carmen de la Main*, de Michel Tremblay. C'est la journée des essayages de costumes et de maquillages. On passe à tour de rôle sur la scène et André Brassard, avec l'équipe de concepteurs, commente le look des personnages.

J'ai dû amener mon fils avec moi, faute d'avoir trouvé une gardienne. Il a quatre ans et je l'ai installé dans un fauteuil au fond de la salle. Il m'attend sagement. Et comme je dois le ramener à la maison, je suis la première à parader sur scène. Je dois préciser que nos personnages n'ont rien de bien glamour. Je fais partie du chœur des guidounes, des travestis, des prostituées qui font le trottoir. J'ai une pièce montée crêpée en chignon sur le dessus de la tête, les yeux charbonnés au possible et tristes à mourir. La bouche exagérément rouge, le décolleté vertigineux, la jupe prête à éclater sur ma croupe, et je suis juchée sur des talons aiguilles déraisonnables. Mes camarades ont ouvert la bouche et retenu un cri d'angoisse – eux aussi auront pareille allure après être passés entre les mains des maquilleurs-coiffeurs.

Et tout à coup – et ça je ne l'oublierai jamais – il y a eu cette petite voix qui a dit, le plus sincèrement du monde : « Oh toi ! que t'es belle ! »

Alors, que vous vous sentiez moche et fatiguée comme une vieille femme, ou ratatinée comme un escargot au fond d'une poche, ou encore fripée comme une fille de joie, qu'importe. Vous serez toujours, aux yeux de votre enfant, la plus belle du monde.

Et comme a répondu si joliment Marie-Anne, quatre ans, à qui l'on demandait sa définition de l'amour : « L'amour, c'est quand mon chien me lèche le visage, même quand je l'ai laissé seul toute la journée. » Demain, ne laissez pas votre maman seule comme un chien. Allez lui donner plein de baisers et joignez-vous à Tino Rossi pour lui dire qu'elle est la plus belle du monde.

Une image me hante
depuis une semaine.

Les vraies étoiles

Une image me hante depuis une semaine. L'image d'une toute petite fille si grande. Elle est là, debout au bout de la passerelle, bien droite. Pour l'instant, elle ne bouge pas. Comme on lui a dit de faire. Cette image ne me quitte pas depuis une semaine. Quand elle s'est mise à marcher, j'ai eu envie de pleurer. L'instant d'après, j'ai éclaté de rire tant elle était touchante. Ça fait plus d'une semaine que c'est arrivé... Je n'arrive pas à oublier. Je ne veux pas l'oublier.

Nous étions tous là, dans nos beaux atours, richement habillés pour l'occasion. Une quarantaine de vedettes de la scène et du petit écran, heureuses d'être là. On allait parader dans les merveilleuses créations de grands designers québécois. Quelqu'un a demandé : « Pour quelle cause on est là, déjà ? » Phrase qui s'est perdue dans le tourbillon des chiffons, des soies, des taffetas, des lainages soyeux, des peaux de fourrure et des créations époustouflantes.

Ça se passait dans les locaux de l'ancien hôtel Windsor, dans une salle habillée de dorures et de lumière. À l'heure de la répétition, on nous a tous demandé de nous rendre dans la grande salle où aurait lieu le défilé. Puisque c'est de cela qu'il s'agissait, un défilé de mode avec des gens connus qui donnaient un peu de leur temps pour amasser des fonds pour la fondation Leucan.

Amélie, jeune fille de quinze ans, a eu un rêve. Celui de créer des vêtements. Elle avait quinze ans, une passion et toute la vie devant elle, enfin presque. Amélie était atteinte d'une leucémie myéloïde aiguë, la forme de leucémie la plus agressive chez les enfants. Après deux greffes de moelle osseuse autologue, tous les cycles de chimiothérapie et les séjours en soins intensifs, elle voulait vivre intensément chaque moment de sa vie.

Elle a réussi à joindre la mannequin-vedette Ève Salvail à New York. Elles ont sympathisé. De fil en aiguille, Amélie a employé les jours qui lui restaient, parce qu'il ne lui en restait pas beaucoup, à dessiner sa propre collection. Elle avait 18 ans. Ce soir, elle n'est plus là, mais ses amis et Ève Salvail, sa marraine, vont défiler dans les vêtements de sa collection.

Parmi les vedettes et les mannequins longs à l'infini et qui frisent la démesure, il y avait des petits bouts de chou, de belles jeunes filles et des jeunes garçons étonnés d'être là. D'abord j'ai cru que c'étaient des enfants et des adolescents mannequins. Ils portaient de beaux habits, qu'ils prenaient soin, comme nous, de ne pas froisser ni abîmer. Et puis, çà et là, j'ai aperçu un crâne lisse, un foulard rouge et des petits chapeaux sur les têtes. Ces jeunes étaient sages et écoutaient les recommandations des organisateurs de l'événement.

Et puis, nous nous sommes dispersés. Les enjoliveurs de minois et de crinières, les faiseurs de miracles pour certains, les ravaleurs de façade pour d'autres – c'est mon cas – se sont employés à faire de nous des beautés de rêve pour les feux de la rampe, des divas de papier glacé. Sur le tabouret voisin du mien, une jeune fille radieuse. Elle est belle comme un cœur. Une peau diaphane, des yeux comme des billes lumineuses. Le pinceau de la maquilleuse ne met qu'un nuage de poudre sur ses joues déjà roses de plaisir. Un joli foulard entoure sa tête. Elle dit, comme pour s'excuser, qu'elle aurait tellement aimé avoir ses cheveux pour cette soirée. Et c'est là que je comprends, que nous comprenons tous, que ces enfants sont des petits miraculés de la vie, des enfants en rémission qui sont venus appuyer leur propre cause. Ils sont autour de nous, ils jacassent, ils courent et rient à gorge déployée. Ils sont vivants et pourtant ils ont des enfances où chaque jour, chaque heure exige d'eux d'être le héros de leur propre histoire. Ils se tiennent de toutes leurs forces après le fil ténu de leur vie avec une force inimaginable. Des petits Don Quichotte qui se battent contre des moulins à vent qui tournent trop vite, des chevaliers qui défient les dragons invisibles qui crachent du feu dans leurs veines.

Et puis, les feux de la rampe se sont allumés. La salle est comble, l'énervement est palpable. Quand la toute petite fille si grande est arrivée sur la passerelle, j'ai eu envie de pleurer. L'instant d'après, j'ai éclaté de rire tant elle était touchante. Elle était habillée d'orange. Un fruit juteux, un petit soleil. Son chapeau sur sa tête bien droite, ses lunettes de soleil sur son petit nez, une minuscule sacoche à la main, elle s'est mise à marcher d'un pas ferme, déterminée. J'ai pensé : « Elle est sur la plus grande passerelle du monde. » Elle s'est rendue en bout de piste devant les caméras de télévision et les photographes qui produisaient des éclairs à répétition. Elle est restée là, les a regardés longuement, presque effrontément. Elle semblait dire : « Voyez, je suis en vie, je suis dans la vie. Et vous ? » Puis elle est repartie, son petit bonhomme de chemin, belle, vibrante.

Je n'arrive pas à oublier Rebecca, quatre ans. Comme je n'oublierai pas Keven, six ans, Anthime, sept ans, Joannie, David et Christine, dix ans, Valérie, treize ans, Amélie et Véronique, seize ans, Émilie et Érik, dix-neuf ans, et Dannick, vingt-deux ans. Merci d'avoir été là pour me dire combien la vie est fragile.

À la toute fin du défilé, nous sommes tous retournés sur le podium pour chanter en chœur *Aimer*, chanson extraite de la comédie musicale *Roméo et Juliette*. J'ai proposé à Rebecca de lui tenir la main. Ses yeux interrogateurs semblaient me demander si j'avais peur de tomber! Elle a chanté, sans qu'on lui tienne la main.

Aimer, c'est voler le temps
Aimer c'est rester vivant.
Aimer, et sentir son cœur
Aimer pour avoir moins peur.

Il y a eu beaucoup de larmes versées. Mais dans certains cas, les larmes ne suffisent pas. Dans les jours qui ont suivi, la télé et les journaux n'ont parlé que des vedettes présentes, pas de ceux qui avaient besoin d'espoir, ceux qui avaient envie de se trouver beaux et belles à nouveau.

Ça fait plus d'une semaine que c'est arrivé... Je n'arrive pas à oublier. Je ne veux pas oublier les vraies étoiles de cette soirée.

COORDONNÉES :
Fondation Leucan : 1 800 361 9643 ; (514) 731-3696.

Style libre.
Beau sujet
s'il en est un.

Décrivez votre jardin

Ils sont tous là, garçons et filles alignés avec leurs parents, le cœur battant. Cette énergie est palpable. L'excitation et la nervosité éclaboussent la pièce et rebondissent dans tous les sens. C'est contagieux. Je m'apprête à faire la lecture du texte gagnant. Tous ces jeunes ont participé à un concours d'écriture. Le thème de cette année, puisque ce concours revient annuellement, est l'amitié. Style libre. Beau sujet s'il en est un.

Ma pensée s'égare. Je voyage dans le temps. Loin en arrière. J'ai treize ans. Je suis en classe de français au pensionnat de Mérici et je suis excitée à l'approche du thème de la composition de cette semaine. Dans mon temps, cet exercice revenait toutes les semaines, pour mon plus grand plaisir. J'aimais raconter, j'aimais jouer avec les mots, j'aimais imaginer. Je ne savais absolument pas jongler avec les chiffres, alors les mots prenaient tout l'espace. Moi aussi, j'avais écrit sur le thème de l'amitié, l'année précédente. C'est à cette occasion que j'avais fait une rencontre déterminante. Celle d'Hélène. Nous ne participions à aucun concours, mais j'avais gagné une grande amie. Elle l'est toujours, après toutes ces années.

Mais revenons à cette fameuse composition. La religieuse s'est exprimée d'une voix autoritaire, en roulant les *r* de façon exagérée. « Décrivez votre jardin. » Je n'entendais que le roulement de la lettre comme un tambour qui appelle à la pendaison. Mon cœur s'est mis à battre. « Décrivez votre jardin. » C'est impossible. Je ne pourrais pas. La bonne sœur avait d'ailleurs ajouté qu'on devait décrire, dans le menu détail, notre véritable jardin. Ce travail n'en était pas un d'imagination, mais de description. Les filles de ma classe – même celles qui n'aimaient pas cette matière – ont soupiré de soulagement. Un devoir de rien du tout. Moi, j'étais atterrée.

J'ai quitté le collège pour la fin de semaine, la mort dans l'âme. Mon sac d'école ne m'avait jamais paru si lourd. Je traînais toute ma vie dedans. « Décrivez votre jardin. » Encore aujourd'hui cette phrase résonne en moi. C'est ainsi que j'ai descendu la rue Belvédère en direction du chemin Sainte-Foy. J'ai observé les jolies maisons, j'ai lorgné du côté des jardinets et j'en voulais à la terre entière. À ma mère, tout particulièrement, qui allait au château Frontenac tous les jours, mais qui n'était que locataire d'un petit appartement au deuxième étage du 750 de la rue Belvédère. Dans la côte Pen-Mass, pour être plus précise. « Décrivez votre jardin. » Bien sûr !

J'entrevoyais, déjà, la composition de mes compagnes de classe. Un jardin entouré d'une haute clôture qui protégeait de tout, une pelouse à perte de vue, verte, coupée avec soin, des rocailles débordantes de fleurs odorantes. Un petit cabanon pour y entreposer soit les instruments de jardinage, soit ceux qui servent à nettoyer la piscine. Cette dernière s'allonge sur le terrain, immense, turquoise, reflétant les rayons du soleil à la surface et résonnant des rires des enfants. Il ne faudrait pas oublier les arbres gigantesques, les buissons de thuyas bien taillés, les meubles de jardin, le parasol, et que sais-je encore ? Je n'avais fait que passer dans ces jardins de rêve des quartiers de Sillery et de Sainte-Foy. Les filles de ma classe étaient, pour la plupart, filles de médecin, d'avocat, de notaire, de dentiste. Mon père avait bien une profession, mais il l'exerçait en dehors de notre famille. Et ma mère, qui était devenue soutien de famille, par la force des choses, était coiffeuse au château. Ses revenus ne nous permettaient pas de vivre dans les beaux quartiers de Québec, seulement de fréquenter les bons collèges pour recevoir la meilleure éducation possible.

Lorsque nous étions en classe, vêtues de notre uniforme marine à chemisette blanche, la différence de moyens ne se faisait pas sentir. Quand on en sortait, c'était un autre monde. Les filles venaient rarement chez moi. J'allais parfois chez elles. Parfois. Je ne voulais pas vivre cet écart qui me rendait mal à l'aise. Mais là, je n'aurais pas le choix. « Décrivez votre jardin. »

J'étais rentrée chez moi, abattue. Ma mère avait bien senti qu'il se passait quelque chose. Après avoir tourné autour du pot pour ne pas la blesser, je lui avais fait part, à travers mes larmes, de l'horreur qui m'attendait. Elle avait attendu que je me calme et elle m'avait suggéré d'aller m'asseoir dehors avec un papier et un crayon et de décrire ce que je voyais, avec mon cœur. J'avais toujours su que ma mère était spéciale, mais, à cet instant, j'étais convaincue qu'elle était tombée sur la tête. Ma propre mère m'envoyait à la mort. J'allais me faire crucifier, ridiculiser, anéantir par toute la classe, la bonne sœur comprise. Ma mère avait le regard du genre insistant. Je me suis donc exécutée.

Ça m'a pris toute une journée, je crois. J'ai finalement décrit ce que je voyais. L'asphalte entre les immeubles d'appartements. Les hangars de bois – que l'on appelait « tambours », allez savoir pourquoi ! – avec leurs poubelles, leurs débris, leurs chaises bancales. Les cordes à linge à perte de vue, arborant l'intimité des voisins. Les mères qui crient, le tablier autour de la taille, la cuillère de bois à la main : « Ginette, si tu viens pas souper, c'te souper-là, tu pourras t'en passer. Attends pas que maman vienne te chercher. » Et puis, les enfants qui jouent à la corde à danser, à « brinche à branche », au drapeau, au bolo, les plus jeunes qui habillent et déshabillent leur poupée. Et puis les rêves et les secrets. Les premiers baisers échangés, aussi. En cachette. Ainsi que les premières cigarettes. Tout un monde qui grouille de vie, d'espoir. Les petits matins frileux. Une tranche de coucher de soleil, entrevue entre les immeubles, à déguster le soir venu, à petites bouchées.

J'ai décrit du mieux que je pouvais. J'ai remis ma copie, toujours la mort dans l'âme. Lorsque est venu le temps de nous rendre nos copies corrigées, la bonne sœur a dit qu'elle en lirait une. Une seule, très différente de toutes les autres. J'ai su que c'était de ma composition qu'il s'agissait. J'allais être la risée de la classe. À mon grand étonnement, elle a qualifié ce texte de « très réussi » puisqu'il avait une qualité rare : la tendresse. Je ne m'étais pas rendu compte que j'aimais à ce point mon « jardin ». Depuis ce jour, je sais un peu comment écrire. On ne le sait jamais vraiment tout à fait.

Je me suis égarée dans mon passé à la vue de ces jeunes garçons et filles qui ont participé au concours d'écriture et qui attendent que je fasse la lecture du texte gagnant. Alors vous m'excuserez, car je dois aller lire devant l'assemblée le texte d'une petite fille qui a peur. Je vais le lire avec beaucoup de tendresse entre les lignes.

La même lueur
dans nos yeux bleus
de poupées anciennes,
le même sourire.

Elle et moi

Enfants, nous passions pour des jumelles. Je nous revois, dans nos petites robes blanches identiques dont le plastron était finement piqué de nid-d'abeilles. Nous tenions à la main les nouvelles bottines blanches que nous venions de recevoir en cadeau. La même lueur dans nos yeux bleus de poupées anciennes, le même sourire. Loulou était la plus mignonne de nous deux. J'avais déjà un petit côté garçon manqué, que la vie m'a appris à radoucir. J'ai encore cette photo qui me répète que nous étions des sœurs jumelles. Nous ne l'étions pas, en fait. L'aînée, c'est elle. Dix-sept mois nous séparent. Adolescentes, nous ne nous ressemblions plus du tout. Le corps était différent – elle, toute menue et moi, déjà ronde –, les champs d'intérêt et le tempérament l'étaient également. Elle avait son groupe d'amies, moi le mien. C'est avec elle que j'ai appris la couture – nous trafiquions des modèles de robes que nous ne pouvions nous offrir. Elle m'a appris à cuisiner des plats avec presque rien, qui prennent peu de temps et qui s'avèrent délicieux. On a tricoté des pulls impossibles au départ et qui, une fois montés, donnaient de petits chefs-d'œuvre.

Un jour, je lui en ai voulu. Elle est partie, vraiment partie. Loin. Elle n'en finissait plus de partir vers le Mexique, le Guatemala, le Maroc, la Corée, la Thaïlande, l'Inde, et finalement le Japon. Elle aime l'exotisme, ma sœur Loulou. C'est une « gypsie » dans l'âme. Mais elle rapportait dans ses bagages une autre culture, des trésors, un langage, une façon différente de vivre. Et elle portait fièrement les couleurs de ces pays d'adoption, dans la façon de se coiffer, de s'habiller, de porter des bijoux. Elle en avait partout. À la cheville, à la taille, au cou, aux oreilles, et plein les bras. Ma sœur Clochette. Mon fils lui a déjà dit, en pâmoison devant elle : « *Wow!* Toi, t'es comme un arbre de Noël. »

On a souvent pris des chemins de traverses, nos routes ne se sont pas toujours croisées, mais, depuis quelques années, elle a placé un pont entre nous. Le pont de l'île. Elle a posé ses valises à l'île d'Orléans. Elle n'en bouge presque plus. Sa maison fait voyager les autres puisqu'elle l'a transformée en gîte. Sur sa carte de visite, elle joint sa voix à celle de Félix : « Moi mes souliers ont beaucoup voyagé... Si tu venais, dis-moi le jour, je t'attendrai. »

Je suis heureuse qu'elle ait fait tous ses détours pour, un jour, accoster sur cette île et s'y installer à demeure. On a appris récemment que nos ancêtres ont fait de même. Ils sont partis de l'Isle-de-France, pour aborder les côtes de l'île d'Orléans en 1666. Le nom des Ruel figure parmi ceux des trois cents premiers colons sur la plaque commémorative au parc des Ancêtres, derrière l'église de Sainte-Famille. D'une isle à une autre île.

Il n'y a rien que j'aime plus que de prendre l'autoroute 20, de quitter la ville bruyante et parfois affolante, de rouler pour me retrouver le plus rapidement possible devant le pont de l'île. Cette vue me fait descendre les épaules de trois étages. Le calme s'installe en moi et je respire profondément.

Un automne, il y a quelques années, j'avais besoin d'un havre de paix pour écrire. Ma sœur avait trouvé pour moi l'atelier du peintre Horacio Walker. Le plaisir de me lever à l'aube, de m'accouder au marbre de la cuisine et de surveiller, de la fenêtre, les mouvements de la marée, en sirotant mon bol de café au lait... Et ces belles balades que j'ai faites dans le vent frisquet de la pointe de Sainte-Pétronille pour réveiller mon corps ankylosé d'avoir été penché tout le jour sur la feuille blanche.

Quand je vais à l'île – et j'essaie d'y aller souvent –, je me rends d'abord à Sainte-Famille. Je loge dans le grenier du *Toit bleu*. Les lucarnes, tout le tour du gîte, donnent sur le chemin Royal, sur le jardin avec ses pommiers et sa pergola, où les oiseaux ont fait leurs nids. C'est joliment aménagé à « la japonaise », comme ma sœur sait si délicatement le faire. Pour moi, c'est la chambre origami. Cette chambre n'est disponible, ne vous en déplaise, que pour les membres de la famille et les amis. Vous pouvez vous reprendre avec les cinq autres. Chacune possède une touche et un parfum d'ailleurs, une atmosphère feutrée d'un lointain mystérieux. Des objets, ici et là, sont les témoins de nombreux voyages. Un service à thé personnel et des pantoufles vous attendent pour vos moments de détente.

On sert les petits-déjeuners dans la salle à manger ou sur la véranda qui ouvre ses multiples fenêtres sur le potager et le fleuve plus bas, gigantesque paysage. Un foyer assure aux visiteurs chaleur et confort, même par temps froid. Les couchers de soleil y sont à couper le souffle. D'ailleurs on le retient, ce souffle, une fraction de seconde lorsque le soleil, minuscule, va sombrer derrière les Laurentides. Mais ce n'est que partie remise, puisque le lendemain on remet ce plaisir au menu du jour.

L'île peut accueillir ses nombreux visiteurs dans une cinquantaine de gîtes.

Il y a tellement à voir et à faire, « quarante-deux milles de choses tranquilles ». Je fais mon tour de l'île comme un pèlerinage. Les poires et les pommes, je les cueille directement chez ma sœur, mais on en trouve partout sur l'île. Les fraises et les tomates, je les prends à la ferme des Anges à Sainte-Famille. Pour le sirop d'érable, je vais chez M. Boily qui a de si beaux yeux bleus et du si bon sirop. Je me rends au *Joyeux Lapin*, chez M. Lessard qui flatte la bédaine de ses lapins pour en radoucir la chair. En face, il y a les antiquités de chez Gaétan et ses savons de toutes les couleurs. J'achète mon vin au vignoble Bacchus à Saint-Pierre et mon maïs à la *Rafale*. Je prends le temps de traverser la route du Mitan, au ralenti pour jouir de l'ombre sous les arbres qui bordent la route de terre; le temps y est suspendu. Je fréquente la boulange de Saint-Jean, et la boutique *Quand cane* qui a pignon sur rue dans une ancienne chapelle, où l'on fabrique et peint des mangeoires et des cabanes d'oiseaux uniques. Je ne quitte pas l'île sans avoir dit bonjour à ma jeune amie Valentine et à sa famille de *La Forge à Pique Assaut*, à Saint-Laurent, où Guy Bel crée de la dentelle en fer forgé. Pour les provisions et les trésors, je m'arrête à l'épicerie de campagne Spence à Saint-Laurent. Un petit crochet par la chocolaterie de Sainte-Pétronille. Mon fils m'en voudrait à mort si je ne lui rapportais pas du jambon à l'érable de la boucherie Prémont; au passage, je m'attrape un sourire et une tarte aux framboises ou au sucre chez Mme Pouliot, les deux boutiques se trouvant à Sainte-Famille. Pour un tour de l'île raconté et guidé en voix (celle de Paul Hébert) et en musique (celle de Félix Leclerc), on trouve des cassettes au kiosque d'information en entrant à l'île.

> Le bonheur, c'est si fragile…
> C'est comme une île flottante.
> Et ma sœur est un cadeau des anges!

COORDONNÉES :
Au Toit bleu, gîte
3879, avenue Royale, Sainte-Famille, île d'Orléans
Téléphone : (418) 829-1078
Courriel : toitbleu@total.net

Quand je sens,
sous les petits cheveux
de ma nuque,
la moiteur s'installer
jusqu'à glisser
en gouttes fraîches
dans mon dos…

Les petites choses de l'été

Quand je sens, sous les petits cheveux de ma nuque, la moiteur s'installer jusqu'à glisser en gouttes fraîches dans mon dos, quand mes souliers prennent le chemin de la garde-robe, quand le hamac me fait signe, quand le ventilateur reprend du service et quand, pour mon plus grand bonheur, Montand vient me fredonner à l'oreille : « Quand on partait de bon matin/Quand on partait sur les chemins /À bicyclette... », je sais que c'est l'été. La belle saison, pour moi, débute toujours avec ces premiers signes et cette rengaine. À ce moment, j'ai envie de me laisser basculer dans l'été. Mais contrairement à beaucoup de personnes, je ne peux pas chanter : « L'été, l'été, c'est-y pas la saison des vacances... » puisque c'est la saison où je travaille le plus. Mais... L'été qu'on désire tant, l'été qu'on attend tout le reste de l'année peut réserver de jolies surprises et de grands plaisirs, si on y regarde de près.

Je me souviens, quand nous étions enfants, à la fin de l'année scolaire, comment la promesse d'un été fabuleux nous rendait heureux. Tout était possible. On allait tout faire. À l'adolescence, ce vœu, pas très pieux, prenait un autre sens. On n'allait rien faire, mais on allait tout essayer. Nos parents devaient appeler cette saison « l'été de tous les dangers » !

C'est à cette période qu'on a connu nos premiers baisers, nos premières cigarettes, de tabac ou de substances illicites. Toutes fraîches dans nos deux-pièces tout neufs et sentant la crème bronzante Bain de soleil à des milles à la ronde – à cette époque, les kilomètres ne faisaient pas encore partie de notre vocabulaire –, on avait le monde à soi et surtout tout un été pour s'éclater.

Les temps ont changé, mais pas l'été. J'ai souvent pesté contre cette saison trop chaude, humide et souvent collante. Au lieu de m'épuiser inutilement, j'ai trouvé les bons côtés de l'été. Les petits riens qui font toute la différence et qui donnent l'impression d'être en vacances, même si on ne l'est pas vraiment.

Mon été sera fait de petits moments rafraîchissants, de petits gestes osés, légers. Prendre une douche fraîche le matin. S'habiller de lin – cette matière noble qui vous donne l'allure d'un lit défait, mais qui vous garde au frais tout le jour. Enfiler une petite robe de fête, mettre de jolies sandales aux pieds, pour se sentir la tête heureuse. Se parfumer au citrus pour sentir « bonne ».

S'étendre dans une pièce où le soleil pénètre par le volet entrouvert, à l'oreille le ronron délicieux d'un ventilateur au plafond qui veille sur la sieste, même de courte durée. Avoir à la main un roman rafraîchissant qui fait voyager dans des contrées lointaines ou sulfureuses et qui, au moment où l'on s'apprête à rejoindre les héros, va tomber doucement au bout de la main dans un petit bruit mat qui ne réveillera personne ; on peut continuer à rêver en paix. Allongé dans un hamac entre deux feuillus géants, se balancer mollement, en prenant le temps de regarder les feuilles d'érable par en dessous. Une façon coquine de regarder sous une jupe !

Un cerf-volant ou une montgolfière traverse le ciel, poussé par un petit vent léger qui s'amuse à faire frissonner votre peau. L'envie de crier : « Encore ! » S'arrêter pile dans un jet de soleil et déguster cette lumière en pleine rue. Sourire aux passants qui n'osent pas faire de même ou qui croient ne pas avoir de temps à consacrer à une activité aussi futile. Ils y repenseront cet hiver avec regret.

Comme un enfant, traverser en riant le jet d'eau propulsé par un des véhicules qui nettoient les rues. À l'heure du lunch, amener son patron à un pique-nique et lui servir, en entrée, des fleurs. Une façon délicieuse de manger ses « soucis » et ses « pensées ». Prendre le temps, tous les jours de l'été trop court, de renifler le gazon fraîchement coupé. Y marcher pieds nus si on ne s'y allonge pas.

À la tombée de la nuit, chalouper en compagnie de milliers de personnes dans les rues festivalières et jazzées. Se rendre au marché pour l'abondance des récoltes, pour l'explosion des couleurs et des saveurs. Revenir les bras chargés de délices. Acheter toutes les fleurs qui se doreront le pétale sur le balcon.

Assis à une terrasse, commander un verre de limonade glacée, un campari aromatisé à l'orange ou un petit rosé très frais en laissant le temps filer. Laisser ses draps et ses vêtements se balancer allègrement à la corde à linge pour saisir au passage les senteurs fraîches dans l'air. Ouvrir la fenêtre aux chants des cigales, aux jacassements des oiseaux, aux cris des enfants. Sortir après l'orage et humer l'odeur de terre mouillée.

S'installer quelques heures dans une Verchères et laisser la vie glisser en douce au fil de l'eau. Passer une nuit entière, allongé dans l'herbe, à contempler l'immensité et faire des vœux sous la pluie des perséides. Regarder pousser ses tomates. Manger un panier entier de framboises sans aucun remords. Aller en chercher un deuxième pour en faire des confitures et les donner à ses amis.

À l'aube, plonger dans un lac froid et faire fuir grenouilles et petits poissons. Regarder son voisin vêtu de son « marcel » descendre du troisième étage son matelas et son réfrigérateur, en se trouvant chanceux de ne pas déménager, mais de rester là. Admirer les cuisses dorées des garçons et avoir les doigts qui démangent. Admirer à son passage un homme habillé en « patron » qui s'en donne à cœur joie sur une trottinette, son attaché-case à la main.

Acheter des pêches blanches et mordre dans le bonheur en le laissant couler dans son décolleté. Savourer tout ce qui goûte l'été avec gourmandise, et surtout avec les doigts. Ne pas avoir peur de lécher ses doigts, même en public. Offrir aux enfants – même si ce n'est pas bon pour la santé, mais super bon pour la langue – du ketchup violet et des Slush fluorescentes aux colorants parce qu'ils en raffolent. Suivre un papillon le plus loin possible. Laisser le nichon prendre l'air au balconnet, diamanter son nombril et colorer ses orteils de rouge comme des cerises délicieuses. Se laisser embrasser le plus souvent possible.

Mon été sera constitué de peu de choses, de deux fois rien, de trois bêtises. Et le vôtre ?

Merci d'avoir partagé avec moi les plaisirs de trois saisons. Très bon été.

Un plaisir passe…

Deux chaises de jardin se font face à l'ombre d'un bouleau tremble. Frissons de feuilles dans l'air chaud. Une fissure dans le crépi de la maison comme un soupir d'aise. Le soleil y passe un doigt pour la rassurer. Le chat roux s'étire dans l'herbe et tombe à la renverse, offrant son ventre dodu aux caresses.

Une abeille apprend à nager dans le fond d'un verre de vin blanc qui éclabousse la nappe de lumière dorée. Le temps est suspendu.

Un plaisir passe.
Il faut l'attraper au vol, sinon il va s'échapper.
Et dire que, demain… tout sera à recommencer !
Un plaisir passe et m'effleure la joue.

En Italie, il existe une expression pour inviter quelqu'un à partager les plaisirs : *Piacere vieni a fare la chiacchierata,* qu'on pourrait traduire par : « Viens, on va faire la parlotte des petits riens. »